「天皇の宣言」の政治利用

林 英一

■もくじ■

まえがき

私が本書の著作中に（２０１９年8月20日）、「昭和天皇　終戦後の〈言葉〉」と題して、次の新聞報道があった。

〝終戦後に宮内庁の初代長官を務めた故・田島道治（１８８５〜１９６８）が、昭和天皇との約６００回に及ぶ面会でのやりとりを詳述した文書を残していたことがわかった。遺族から入手したＮＨＫが19日、一部を報道各社に公開した。今回見つかった「拝謁記」は、田島道治の遺族が長く保管していたものだ。昭和天皇との面会計６１３回のやりとりが記されている。そのうち、ＮＨＫは報道した範囲に限って資料を各社に公開した。公開された範囲で、新たに判明した内容は主に三つある。

第一が、サンフランシスコ講和条約発効と憲法施行5周年を祝う1952年（昭和27年）5月3日の式典でのおことばをめぐり、昭和天皇と田島、吉田茂首相のやりとりが詳細にわかったことだ。「声明メッセージには反省するといふ文句ハ入れた方がよいと思ふ」（52年1月11日）、「私ハ反省といふのは私ニも沢山あるといへばある」（52年2月20日）。

繰り返し「反省」の文言にこだわった。その後、宮内庁内部で反対の声があがり、田島からそれを伝えられても「矢張り過去の反省と将来自戒の箇所が何とか字句をかへて入れて欲しい」（同2月26日）と強調した。こうした天皇の意向を踏まえておことば案が練り上げられたが、吉田茂首相から戦争への悔恨を明示する一節をすべて削除するよう求める手紙が届き、最終的に昭和天皇も受け入れたという。〟

私が上記の記事を改めて取り上げるのは、本書の中で、昭和天皇と吉田茂首相の動向について、取り上げているからだ。

中曽根康弘内閣による日本史教科書検定

私は、2013年3月21日に、著書『国民生活を劣化させたのは誰だ……偏向された学習指導要領……』を発表したが、この本は、〝失われた20年〟の渦中にある日本社会がその難局から脱却するための、処方箋を書いたものであった。既に数多くの処方箋が提言されていたが、どれにも的を射た内容がなく、私は〝日本の歴史の核〟を省みる必要があると考えて、まず、直近の日本の歴史を教育の側面に焦点をあて検証した。対象期間は、日本国と中華人民共和国の国交が正常化された1972年9月29日から1989年3月15日までだが、私が一番重視したのは1985年8月29日、中曽根康弘内閣の下で「日本を守る国民会議」（議長＝加瀬俊一元国連大使）編集の高校日本史教科書が文部省に検定申請されたことであった。同国民会議は、元号法制化実現国民会議の運動を引き継いだ民間団体で、当時は「天皇陛下御在位六十年奉祝」の運動に取り組んでいた。同会議の呼びかけに対し、文部省で日本史の主任教科書調査官を務め、家永教科書裁判では国側証人として出廷し、戦後の教科書検定の中核的役割を果たした村尾次郎氏をはじめ、村松剛筑波大教授、小堀桂一郎東大教授、滝川政次郎國學院大名誉教授、結城睦郎名古屋大名誉教授ら学者文化人が協力し、朝比奈正幸元京華商業高校長らを中心に執筆され、原書房を通じて文部省に検定申請された。

原稿本は、２５８ページで縦書き。編集にあたっては、（１）古代史では考古学だけでなく神話を通して日本の建国を理解させる（２）皇室に対する敬意をはぐくむ（３）近現代史では日本を一方的に加害者と決め付ける書き方はしないなどの方針がとられた。「古代国家の形成」の章では日本の国生み神話や神武東遷伝承、日本武尊の熊襲、蝦夷征伐を紹介。皇室関係では「聖徳太子が……国政の改革と文化の興隆をはかられることになった」と敬語を使い、即位については「大正天皇が践祚せられ……」などと旧皇室典範で用いられた「践祚」という特別な用語も使っている。さらに「三種の神器」「新嘗祭」「〝天皇〟号」「神武紀元」「菊花紋」「国旗・国歌」などの由来や「宮廷年中行事」の説明など皇室関係の記述が際立っている。明治天皇が写っている写真が4枚あるなど、天皇・法王の写真や肖像画は計8枚（いまの教科書では1、2枚程度）。近現代史では、教育勅語について「これは、日本古来の国家観念と人倫道徳とを融合した国民道徳の教えであって、忠孝・博愛・修学・遵法・義勇奉公などの普遍的な徳目が列挙され……」「諸外国にもひろく紹介されて、高い評価をうけた」と記述し、東京の小学校での奉読式の写真を掲載。「日露戦争」の項では、陸軍の総司令官だった大山巌、連合艦隊を率いた東郷平八郎が登場している。

1986年1月、文部省は検定審議会第2部会（社会科）を開き、この原稿本の合否を諮問した。文部省と第2部会日本史小委員会は、検定基準に合わない記述や史実に基づかない記述を修正させることなどを条件に合格させる予定だった。しかし、一部の委員から「一読、きわめて不愉快だ」「近隣諸国に対する配慮に問題がある」「バランスに欠ける」などの意見が強く出た。このため文部省は、審議会の意見を十分に踏まえて執筆者らと調整し、書き改められた内容を改めて審議会に諮るという異例の措置を提案して、ひとまず終えた。

１９８６年3月、文部省が出版社側に伝えた修正意見（必ず書き直すことが条件）、改善意見（書き直さない場合には理由書の提出が義務）は８００箇所にも上った（同会議の発表によると、誤記誤植などを除き、記述内容に関する修正意見は約１２０、改善意見は約３００）。このため内閲本の調整作業は難航し、5月19日やっと調整が終了した。その結果、皇室関係の記述が大幅に削除され、「諸外国にも……高い評価をうけた」とする教育勅語の記述も改められることになった。日中戦争中の南京事件についても、はっきりと「南京事件」と記述するなどの書き換えが行われた。文部省は、これによって教科書として合格させてもよいと判断し、

5月27日、検定規則にない内閲本段階での異例の教科用図書検定調査審議会第2部会（社会科　部会長増井経夫・金沢大名誉教授）を開いて、修正結果を再審議した。

午後1時半から文部省で開かれた審議会には、20人の委員のうち病気で欠席した一部の委員を除きほとんどが出席し、一冊の教科書に対する審議としては「異例の長さ」三時間半の論議があった。まず文部省側が一時間半にわたり、申請された原稿本をどのように書き直させたかの点を説明した。これに対し、「天皇中心の記述が多い」「自国中心主義だ」と前回の審議会で紛糾のもとになった点について、多くの委員から「表現が柔らかくなった」「改善の努力の跡がうかがえる」といった意見が出た。しかし、他の教科書と比較して、なお天皇や皇室関係の記述や写真が多いことなどから「全体のトーンはかわっていない」といった疑義が一部の委員から出された。とくに、終戦直後昭和21年のいわゆる天皇の人間宣言について、教科書では「新日本建設に関する詔書」として記述されているが、肝心の「天皇の神格否定（いわゆる人間宣言）」には触れずじまいの点が問題になった。この点については内閣調整の段階で、文部省が執筆側に記述するよう求めたのであったが、執筆側は「譲れない」と拒んだ。このため委員の間から「どうしてはっきりと人間宣言を書かないのか」といった不満が出された。また、靖国神社の前身である「招魂社」の写真がのるなど近現代史の部分について「57年の教科書問題のあと追加された検定基準［近隣諸国への配慮］の点から問題があり、再び外交問題になる心配もある」といった危惧の念も指摘された。審議会としては珍しい激論となったが、「これ以上審議を続けると、事実上不合格になる」などの事情も考慮して、最終的に合格が了承された。この日、「日本を守る国民会議」の黛敏郎運営委員長、村尾次郎氏、小堀桂一郎氏らが記者会見し、製本された原稿本と主な検定内容をまとめたものを配布した。

1986年5月30日、執筆側は、27日の教科用図書検定調査審議会の指摘に基づき「南京事件」「日中共同声明」などをめぐる文章など30数箇所にわたる記述を修正し、内閣本審査段階での正式合格となった。韓国有力紙が「日本は過去を忘れてはならない。国家的傲慢は再び帝国主義になりやすいからだ」などと、「日本を守る国民会議」の教科書に批判的な社説を掲載し、以後、韓国の各紙に批判的な記事が相次いで掲載された。

1986年6月4日、中国外務省局長が定例記者会見で「われわれは歴史事実を歪曲し、侵略戦争を美化するいかなる言動、行動についても断固反対する」と「日本を守る国民会議」の教科書に不満を表明した。6月6日、閣議後、中曽根康弘首相が海部俊樹文相に「57年の宮沢喜一官房長官の趣旨に基づき十分配慮を」と指示した。13日にも、首相から文相に「よく検討してほしい」と重ねて指示をした（7月7日に西崎清久・文部省初中局長が記者会見で日付などを明らかにした）。

1986年6月7日、楊振亜中国外務省アジア局長は、股野景親中国駐在臨時代理大使を呼んで、文部省が検定した「日本を守る国民会議」編集の高校日本史教科書問題について厳正な申し入れを行うとともに、次の覚書を手渡した。「中国政府は日本政府が中日共同声明の精神を真剣に貫き、82年の約束を適切に履行し、この新しい事態によって中日友好にもたらす不利な影響を除去するよう要望する」。文部省は「日本を守る国民会議」が編集した高校日本史教科書に対し、内容面での最終審査である「内閲本審査」の「合格」を通知した後、10日以上もたって、新たにきわめて異例な修正を求めていたことが17日までに明らかになった。高校日本史教科書の原稿本をめぐって、中国、韓国などから噴出した批判、反発に対応したもので、執筆者によると修正内容は、「韓国独立運動」「南京事件」「近衛内閣の不拡大方針」「日中共同声明」などで両国の立場、主張を配慮したものであった。

1986年6月18日、中曽根康弘首相は、鹿児島市内のホテルで記者会見し、「日本を守る国民会議」が編集した高校日本史教科書に対し、文部省が中国や韓国からの批判に配慮する形で異例の修正を求めたことについて「政府内で検討の結果、再検討するのが望ましいということになり、検定作業が最終段階の前だったのでしかるべき措置をとった」と述べ、修正は首相を含む政府最高レベルの意向を受けて行われたことを明らかにした。会見で中曽根康弘首相は、歴史教科書の記述について「教科書問題は国際関係に関する限りは、57年8月に宮沢喜一官房長官（当時）が出した談話があり、そこでは日韓共同コミュニケや日中共同声明に盛られた精神に基づいて（教科書は）作られるべきだとの国際的約束をしている。これに基づいて教科書が作られることを期待している」と基本的な姿勢を説明。そのうえで、今回、文部省が「日本を守る国民会議」編集の教科書に対して修正を求めたことについて「一部の国から若干の意見が寄せられたとき、まじめに取り上げるべきと思い、後藤田正晴官房長官に対応を指示した」と述べた。

1986年6月28日に、文部省側から異例の修正を求められていた「日本を守る国民会議」編集の高校日本史教科書関係者は、7月1日夜、「見本本を本日、文部省に提出した」と語った。文部省が要求している修正箇所は、30数項目で中国や韓国との近現代史をめぐる記述が中心とみられる。

1986年7月3日、文部省は新たに「4度目」の修正を「日本を守る国民会議」編集の高校日本史教科書に求めた。「日本を守る国民会議」編集の高校日本史教科書に対する「3度目」と「4度目」の異例の書き直し要求をめぐって、文部省と執筆者側の調整作業が、3日夜から4日夜まで続けられた。しかし、「天皇の神格否定（いわゆる人間宣言）」について書くことを求める文部省と、これを拒む執筆者側が最後まで対立。執筆者側は「人間宣言」という言葉の使用を拒否、代わりに「人間宣言」を意味する詔書の一部を「注」として示す案を文部省側に示し、5日午前中に同省が回答することになった。4日午後から再び行われた調整で難航したのは、先月末に示された「3度目」の修正要求のうち▽日韓併合▽満州事変▽満州国建国▽戦後の朝鮮関係の記述の4項目と、3日夜示された「4度目」の修正要求のうち▽「天皇の人間宣言」についての記述、の5項目。このうち「人間宣言」関係以外は、執筆者側が修正に合意した。しかし、「人間宣言」に触れよとの文部省の要求には、執筆者側の一部が最後まで強く反対。「人間宣言」という言葉を使わない案を文部省側に示した。なお4日には、「日本を守る国民会議」の村尾次郎（元文部省主任教科書調査官）が文部省側との調整に臨んだが、村尾氏が文部省との交渉の表面に出たのは初めてであった。7月5日、最後まで執筆者側と文部省との間で対立が続いていた天皇の「人間宣言」をめぐる記述について、双方が基本的に合意に達し、決着した（7日に発表された修正結果によると、天皇の「新日本建設に関する詔書」については、「天皇の神格否定（いわゆる人間宣言）」についての直接的な記述はなされず、詔書の内容が一部引用されただけにとどまった）。

1986年7月7日、文部省は、約一ヵ月間にわたる異例な修正要求で正式決着が遅れていた「日本を守る国民会議」編集の高校日本史教科書について、教科用図書検定調査審議会の第2部会（社会科）と総括部会に修正内容と経緯を報告し、了承を得るとともに、同日付でこの教科書の合格を通知した。「日本を守る国民会議」編集の高校日本史教科書には、国家・国民にとって最も重要な史実である「天皇の神格否定（いわゆる人間宣言）」についての直接的な記述はなかったが、これは中曽根康弘首相と海部俊樹文相が「日本を守る国民会議」側の主張を黙認したことによって実現されたのだが、この事実は「天皇の神格否定（いわゆる人間宣言)」という史実が隠蔽されてしまったと言うべきだ。

「天皇の人間宣言」の政治利用

２０１８年10月17日、私は〝「天皇の人間宣言」の政治利用〟と題する下記の論文を朝日新聞社に投稿した。

文部科学大臣（旧文部大臣を含む）が、「天皇の神格否定（いわゆる人間宣言）」について直接的な記述のない高校日本史教科書、中学校歴史教科書に、検定合格を与えているのは、「天皇の神格否定（いわゆる人間宣言）」の政治利用ではないか。政治利用を行った自民党中曽根康弘内閣の教科書行政を顧みることにする。

１９８５年（昭和60年）８月29日、「日本を守る国民会議」（議長＝加瀬俊一・元国連大使）編集の高校日本史教科書が、文部省に検定申請された。原稿本は編集にあたって、（1）古代史では、考古学だけでなく、神話を通して日本の建国を理解させる（2）皇室に対する敬意をはぐくむ（3）近現代史では、日本を一方的に加害者と決め付ける書き方はしない、などの方針がとられた。1986年（昭和61年）1月には、文部省の教科用図書検定調査審議会に於いて検定のための審議が開始され、3月には、文部省が出版社側に800ヶ所にも上る修正意見（必ず書き直すことが条件）と改善意見（書き直さない場合には理由書の提出が義務）を伝えた。検定基準に合致しない、又、史実に基づかない記述が数多く掲載された「日本を守る国民会議」編集の高校日本史教科書が、文部省による過去に類をみない破格の修正を受け、1986年（昭和61年）7月7日に教科書検定に合格した。しかし、この検定合格にいたる迄には、検定規則に定めのない「超法規的措置」のあったことが、合格通知後に文部省によって明らかにされている。

文部省側と「日本を守る国民会議」側との修正協議は多岐にわたっていたが、最後まで修正事項で対立したのが「天皇の神格否定（いわゆる人間宣言）について直接的な記述をすること」であった。「天皇の神格否定（いわゆる人間宣言）について直接的な記述をすること」については、執筆者側が強く反対し、「人間宣言」という言葉を使わない案を文部省側に示し、両者は協議を行ったが、結局、「天皇の神格否定（いわゆる人間宣言）について直接的な記述をおこなわず、勅書の内容を一部引用すること」で合意し、決着した。しかし、この決着は、以後の日本国民の精神性に重大な影響を与えるものであった。「天皇の神格否定（いわゆる人間宣言）」とは、1946年（昭和21年）1月1日付の新聞に発表された昭和天皇の年頭の勅語に関するものであるが、内容は次の様になっている。

「天皇ヲ以（モツ）テ現御神（アキツミカミ）トシ、且（カツ）日本国民ヲ以テ他ノ民族ニ優越セル民族ニシテ、延（ヒイ）テ世界ヲ支配スベキ運命ヲ有ストノ架空ナル観念ニ基クモノニモ非ズ」。

即ち、文部大臣が、勅語の中にある「天皇の神格否定（いわゆる人間宣言）」について、直接的な記述をしないことを認可した事は、言語道断な行為であった。何故なら「天皇の神格否定（いわゆる人間宣言）」は、日本国民の歴史と深く関わる重要な史実であり、隠蔽することは許されないからだ。日本は、ポツダム宣言を受け入れて、１９４５年（昭和20年）８月15日に太平洋戦争、日中戦争等の侵略戦争を終えたが、国民は天皇を神格化した「現御神」の下で戦争を遂行していた。従って、国民にとっての精神的な戦争の終結は、１９４６年（昭和21年）１月１日に発表された「天皇の神格否定（いわゆる人間宣言）」であったのだ。その「天皇の神格否定（いわゆる人間宣言）」について、直接的な記述をしないことを、中曽根内閣が認可したことによって、国民の間に天皇を神格化する動きが蘇生することになったのである。

更に中曽根内閣の下では、既に（１９８５年9月）文部省が、全国の各教育委員会に対し「国旗と国歌の適切な取り扱いの徹底」を求める初等中等教育局長名の通知を出していた。また、臨時教育審議会が、１９８７年（昭和62年）８月、国旗・国歌について〝国旗・国歌のもつ意味を理解し、尊重する心情と態度を養うことが重要であり、学校教育上、適正な取り扱いがなされるべきである〟と最終答申を行った。

以上の中曽根内閣による教科書行政が遂行された後、1989年（平成元年）3月には公立小・中・高校の学習指導要領が告示され、「特別活動」の分野には次の内容が記載されて、現在に至っている。

入学式や卒業式などにおいては、その意義を踏まえ、国旗を掲揚するとともに、国歌を斉唱するよう指導するものとする。

上記の内容を、指導される生徒の立場から考えると次の様になる。生徒は、国旗を見ながら国歌を斉唱する。国歌は「君が代」であるが、その「君」とは天皇を表している。従って、生徒は、日本国と天皇を結びつけた形で記憶をし、その記憶は生徒の人格の精神的支柱として育成されていく。更に、当初、教師によって、「君が代」を歌わない、起立しない、演奏しない等の行動もあったが、教育委員会による処分を恐れて、段々とこれらの行動を採る教師も減少していき、生徒の人格には益々「天皇の神格性」が強く刻みこまれるようになる。更に、中学校学習指導要領（1989年3月告示）の「社会」（公民的分野）には、次の内容が告示された。

人間の尊重についての考え方を、基本的人権を中心に深めさせるとともに、日本国憲法が基本的人権の尊重、国民主権及び平和主義を基本的原則としていることについての理解を深め、日本国及び日本国民統合の象徴としての天皇の地位と天皇の国事に関する行為について理解させる。

即ち、「天皇の神格性」が訓育された生徒が、日本国憲法の定める〝基本的人権〟〝国民主権〟〝平和主義〟と〝象徴としての天皇の地位〟を同時に学ぶことによって、生徒は天皇の地位を上位に置き、基本的人権、国民主権等の国民の権利を下位に置くことになる。従って、何人も侵すことのできない基本的人権、国民主権等の理念について、希薄な人格が形成されていくことになる。また、高校の「日本史」教科書として、「天皇の神格否定（いわゆる人間宣言）」について記述されない教科書の使用によって、「天皇の神格性」が一段と強固に訓育された多くの生徒が、誕生していくことになる。「天皇の神格性」を訓育する学校教育が開始されてから約25年近くが経過したが、学校教育を終えた者には、基本的人権、国民主権に対する意識が薄弱であるがために〝人間としての積極的主体性〟〝自由と自律の精神〟〝豊かな人間性〟〝豊かな創造性と活力〟〝主権は国民にあるとする信条〟等に欠ける人間が多くなってきた。しかも、昨今、これらが原因となって、社会には様々な弊害が露出してきており、国民の間には他民族への差別意識も台頭してきている。以上の理由から、下記の通り、実行された政治利用の違法を提起する。

（1）中曽根康弘内閣を初めとして、安部晋三内閣までの諸内閣が遂行した教科書検定に於いて、「天皇の神格否定（いわゆる人間宣言）」について、直接的な記述をしないことを認めたことは、「天皇の神格否定（いわゆる人間宣言）」の政治利用であり、違法である。この政治利用は、憲法第20条の「国及びその機関は、宗教教育その他いかなる宗教的活動もしてはならない」の規定に違反すると共に、憲法第98条の「この憲法は、国の最高法則であって、その条規に反する法律、命令、詔勅及び国務に関するその他の行為の全部又は一部は、その効力を有しない」の規定に該当する。天皇の神格否定（いわゆる人間宣言）について直接的な記述をしなかった主な検定済教科書は（3）の通りである。

（2）上記の違法な行為の下で告示された学習指導要領の中の、〝入学式や卒業式などにおいては、その意義を踏まえ、国旗を掲揚するとともに、国歌を斉唱するよう指導するものとする〟の規定は違法であり改正されなければならない。なお、1989年（平成元年）3月の告示前は、〝国民の祝日などの儀式に国旗を掲揚し国歌を斉唱させるのが望ましい〟であった。

（3）

検定済教科書　　高等学校の部

教科書名　『新編　日本史』

1986年（昭和61年）3月31日　文部省検定済（中曽根康弘内閣）

1987年（昭和62年）2月10日　初版印刷

1987年（昭和62年）2月20日　初版発行

著作者　朝比奈正幸（元京華商業高等学校校長）、稲川誠一（元岐阜教育大学教授）、小笠原春夫（東京農業大学教授）ほか6名

発行者　株式会社　原書房　　代表者　成瀬　恭

「天皇の神格否定（いわゆる人間宣言）」の記述

1946年（昭和21年）の年頭には、国民が自信と誇りをもって生活する

ことを示唆した「新日本建設に関する勅書」を発表して、国民を激励された。
中曽根内閣が、教科書『新編　日本史』に検定合格を与えたのは１９８６年（昭和61年）７月７日であったが、上記教科書には、昭和61年３月31日に合格したと記されている。この日付の違いは、教科書検定に政治利用があったことを示している。

教科書名　『高等学校　最新日本史』
１９９４年（平成６年）３月31日　文部省検定済（細川護熙内閣）
１９９５年（平成７年）１月10日　印刷
１９９５年（平成７年）２月10日　発行
著作者　朝比奈正幸（元京華商業高等学校校長）、小笠原春夫（東京農業大学教授）、小堀桂一郎（明星大学教授）ほか９名

発行者　株式会社　図書刊行会　代表者　佐藤今朝夫

「天皇の神格否定（いわゆる人間宣言）」の記述

1946年（昭和21年）の年頭には、「新日本建設に関する勅書」を発表して国民を激励された。この勅書は、はじめに五箇条の御誓文をかかげて近代日本の出発を顧み、伝統に想いをいたして、国民が自信と誇りをもって生活することを示唆したものであった。

教科書名　『高等学校　最新日本史』
2002年（平成14年）4月4日　文部科学省検定済（小泉純一郎内閣）
2003年（平成15年）2月20日　印刷
2003年（平成15年）3月3日　発行
著作者　村尾次郎（文学博士）、小堀桂一郎（明星大学教授）、朝比奈正幸（元京華商業高等学校校長）ほか23名

発行者　株式会社　明成社　代表者　石井公一郎
　「天皇の神格否定（いわゆる人間宣言）」の記述
１９４６年（昭和21年）の年頭には、「新日本建設に関する勅書」を発布して国民を激励された。この勅書は、はじめに五箇条の御誓文をかかげて近代日本の出発点を顧み、伝統に想いをいたし、国民が自信と誇りをもって生活するよう激励したものであった。

教科書名　『最新日本史』
２０１２年（平成24年）３月27日　文部科学省検定済（野田佳彦内閣）
２０１３年（平成25年）２月17日　印刷
２０１３年（平成25年）３月３日　発行
著作者　朝比奈正幸（元京華商業高等学校校長）、占部賢志（中村学園大学教授）、国武忠彦（元神奈川県立江南高等学校校長）

ほか20名

発行者　株式会社　明成社　　代表者　小田村四郎

「天皇の神格否定（いわゆる人間宣言）」の記述

1946年（昭和21年）の年頭には、「新日本建設に関する勅書」を発布して国民を激励された。この勅書は、はじめに五箇条の御誓文を掲げて近代日本の出発点を顧み、伝統に想いをいたし、国民が自信と誇りを持って生活するよう激励したものであった。

中学校の部

教科書名　『新中学校　歴史　日本の歴史と世界』

2001年（平成13年）3月30日　文部科学省検定済（森喜朗内閣）

2002年（平成14年）2月15日　発行

著作者　大口勇次郎（聖徳大学教授）、西脇保幸（横浜国立大学教授）

中村研一（北海道大学教授）ほか10名
発行者　株式会社　清水書院　代表者　野村久也
「天皇の神格否定（いわゆる人間宣言）」の記述　なし

教科書名　『新中学校　歴史　改訂版　日本の歴史と世界』
２００５年（平成17年）３月30日　文部科学省検定済（小泉純一郎内閣）
２００６年（平成18年）２月15日　初版発行
著作関係者　大口勇次郎（お茶の水女子大学名誉教授・聖徳大学教授）、中村研一（北海道大学教授）、大久保桂子（國學院大学教授）ほか７名
発行者　株式会社　清水書院　代表者　野村久也
「天皇の神格否定（いわゆる人間宣言）」の記述　なし

教科書名　『中学社会　新しい歴史教科書』
２０１１年（平成23年）３月30日　文部科学省検定済（菅直人内閣）
２０１２年（平成24年）２月15日　発行
代表執筆者　藤岡信勝（拓殖大学客員教授）
発行者　株式会社　自由社　代表者　加瀬英明
「天皇の神格否定（いわゆる人間宣言）」の記述　なし

教科書名　『新中学校　歴史　日本の歴史と世界』
２０１１年（平成23年）３月30日　文部科学省検定済（菅直人内閣）
２０１２年（平成24年）２月15日　初版発行
著作関係者　三谷博（東京大学教授）、上田信（立教大学教授）、大久保桂子（國學院大学教授）ほか7名
発行者　株式会社　清水書院　代表者　土井武

「天皇の神格否定（いわゆる人間宣言）」の記述　なし

教科書名　『中学社会　新しい歴史教科書』
２０１５年（平成27年）４月６日　文部科学省検定済（安倍晋三内閣）
２０１６年（平成28年）１月31日　印刷
２０１６年（平成28年）２月８日　発行
著作者　杉原誠四郎（元城西大学教授元武蔵野大学教授）ほか13名
発行者　株式会社　自由社　代表者　加瀬英明
「天皇の神格否定（いわゆる人間宣言）」の記述　なし

教科書名　『新編　新しい日本の歴史』
２０１５年（平成27年）３月31日　文部科学省検定済（安倍晋三内閣）
２０１６年（平成28年）１月31日　印刷

2016年（平成28年）2月15日　発行

著作者　伊藤隆（東京大学名誉教授）、川上和久（明治学院大学教授）

ほか25名

発行者　株式会社　育鵬社　代表者　久保田榮一

「天皇の神格否定（いわゆる人間宣言）」の記述　なし

教科書名　『中学　歴史　日本の歴史と世界』

2015年（平成27年）3月31日　文部科学省検定済（安倍晋三内閣）

2016年（平成28年）2月10日　初版印刷

2016年（平成28年）2月15日　初版発行

著作関係者　三谷博（跡見学園女子大学教授・東京大学名誉教授）、

上田信（立教大学教授）、大久保桂子（國學院大學教授）

ほか7名

発行者　株式会社　清水書院　代表者　渡部哲治
「天皇の神格否定（いわゆる人間宣言）」の記述　なし

参考文献

『昭和天皇実録　第十』
著作権者　宮内庁
発行所　東京書籍株式会社
第1刷発行　２０１７年（平成29年）３月30日

『国民生活を劣化させたのは誰だ—偏向された学習指導要領—』
著者　林　英一（はやし　えいいち）
発行・発売　創英社／三省堂書店
初版発行　２０１３年（平成25年）３月21日

昭和天皇実録

上記論文の最後に、参考文献として『昭和天皇実録　第十』を挙げたが、これは「天皇の人間宣言」について詳しく記載があるためだが、以下に、その一部を記すことにする。

（前略）新年に当たり、左の詔書を発せられる。（中略）夕刻、御文庫において侍従次長木下道雄より本詔書の反響等につき奏上を受けられる。なお、本詔書に対し、聯合国最高司令官ダグラス・マッカーサーは即日歓迎の意を示す声明を発表する。本詔書は、天皇の国民と共に平和日本の再建を希求された叡慮をお示しになったものであるが、同時に天皇を現御神とすることを排した一文から、後年、天皇の人間宣言と通称される。本詔書については、昨年十二月初旬よりその議が起こり、聯合国最高司令部民間情報教育局長ケネス・リード・ダイク、同局員ハロルド・G・ヘンダーソン、学習院長山梨勝之進、学習院教師レジナルド・ホレイス・ブライス等が関与して、英文の詔書覚書が作成される。それに「陛下は御自身の人格のいかなる神格化、あるいは神話化をも、全面的に御否定あらせられる」旨の一文を加え、十二月二十四日、宮内大臣石渡荘太郎より奏上がなされ、天皇のお許しを得て詔書案の作成は内閣に託される。内閣総理大臣幣原喜重郎・文部大臣前田多門・内閣書記官長次田大三郎等により調整が図られ、二十六日までに案文が作成される。二十七日午後、天皇は、文部大臣前田多門（首相病気のため代理として参内）より詔書案につき奏上を受けられ、五箇条の御誓文の主旨を挿入することを御希望になり、そのことが今後の国家の進路を示す観点から必要であるとのお考えを示される。二十九日には内閣原案が完成し、三十日、さらに修正を加えた閣議決定案が提出され、夕刻の前田による内奏の後、午後九時、御署名になる。三十一日午前、三たび前田が参内し、再度御改定を願う旨の奉請を受けられ、同日午後三時五十分、御署名になり、この日の発出となる。（後略）

秋篠宮の発言・大嘗祭・憲法違反問題

２０１８年11月30日、秋篠宮さまが53歳の誕生日を前に、紀子さまと記者会見をした。秋篠宮さまが、天皇の代替わりに伴う皇室行事「大嘗祭」（だいじょうさい）について、「宗教色が強いものを国費で賄うことが適当かどうか」と述べ、政府は公費を支出するべきではないとの考えを示した。この考えを宮内庁長官らに伝えたが「聞く耳を持たなかった」といい、「非常に残念なことだった」と述べた。以下に、秋篠宮さまの「代替わりに伴う即位の行事や儀式に関する考え」の全文を記すことにする。

「代替わりに伴う行事で、国事行為で行われるものについて、私が何かを言うことができるかというと、なかなかそういうものではないんですね。一方、皇室の行事として行われるものはある程度、例えば私の考えというものもあっても良いのではないかなと思っています。大嘗祭（だいじょうさい）は皇室の行事として行われるもので、ある意味宗教色が強いものになります。宗教色が強いものを国費でまかなうことが適当かどうか、これは平成の大嘗祭の時にもそうするべきではないという立場だったわけで、多少意見を言ったぐらいですけれども、今回も結局踏襲することになったわけですね。ただ私として、やはりすっきりしない感じは今でも持っています。宗教行事と憲法との関係はどうなのか、という時に、私はやはり内廷会計で行うべきだと思っています。ただ、それをするためには相当な費用がかかりますけれども。大嘗祭自体は絶対にすべきものだと思います。ただ、できる範囲で、言ってみれば身の丈にあった形で行うのが、本来の姿ではないかなと思いますし、そのことは宮内庁長官などにはかなり言っているんですね。ただ残念ながらそこを考えること、言ってみれば話を聞く耳を持たなかった。私は非常に残念なことだったなと思っています」。

秋篠宮さまが大嘗祭（だいじょうさい）について、「宗教色が強いものを国費で賄うことが適当かどうか」と述べ、政府は公費を支出するべきではないとの考えを示しているが、天皇の地位は、主権の存する日本国民の総意に基く（憲法第1条）ことから、国民の側に立つ検証も必要だろう。大嘗祭とは……稲作農業を中心とした社会に古くから伝承されてきた収穫儀礼に根ざしたもので、新しい天皇がその年に収穫された米などを天照大神とすべての神々に供え、自身も食し、安寧と五穀豊穣を感謝し、国家・国民のために祈るもの……とされる。皇位継承の儀式について、安倍晋三内閣は、1989年の平成の代替わり時の考え方を踏襲しているが、既に約30年の歳月が経過していることから、その前後を含めて今日までの政治・教育の動向も回顧する必要がある。1986年7月7日、中曽根康弘内閣は、超法規的措置の下で「天皇の神格否定（いわゆる人間宣言）」について、直接的な記述をしない高校日本史教科書（教科書名……『新編　日本史』）に検定合格を与えた。1989年3月には、公立小・中・高校の学習指導要領が告示され、「特別活動」の分野に、「入学式や卒業式などにおいては、その意義を踏まえ、国旗を掲揚するとともに、国歌を斉唱するものとする」と規定し現在に至っている。さらに、2001年3月30日には、森喜朗内閣が、「天皇の神格否定（いわゆる人間宣言）」の記述のない中学校教科書（教科書名……『新中学校　歴史　日本の歴史と世界』）に検定合格を与えている。2015年3月31日には、安倍晋三内閣が、「天皇の神格否定（いわゆる人間宣言）」の記述のない中学校教科書（教科書名3冊……『新編　新しい日本の歴史』、『中学社会　新しい歴史教科書』、『中学　歴史　日本の歴史と世界』……）に検定合格を与えている。検定合格を与えた他の内閣とその教科書名については、前述した論文〝「天皇の人間宣言」の政治利用〟に詳しく記載している。

以上、国家・国民にとって最も重要な史実である「天皇の神格否定（いわゆる人間宣言)」」を、当該内閣が、学校教育の場で政治的に利用し、隠蔽していることは、憲法第20条「国及びその機関は、宗教教育その他いかなる宗教的活動もしてはならない」の規定に基づき憲法違反であることは明白だ。

2018年2月20日、新天皇の即位に伴う安倍晋三内閣の式典準備委員会(委員長……菅義偉官房長官)が開かれ、大嘗祭について、約30年前の平成への代替わり時にまとめた政府見解を踏襲することを確認した。確認された内容は、「宗教上の儀式としての性格を有するとみられることは否定できず、国事行為とすることは困難」「極めて重要な伝統的皇位継承儀式で公的性格があり、費用を宮廷費から支出することが相当である」などであった。3月30日、第3回安倍晋三内閣の式典準備委員会(構成者は正副官房長官と宮内庁長官ら7人)が開かれ、菅義偉官房長官は「合意されれば、本日決定したい」と切り出し、約20分であっさり終わった。菅義偉官房長官は記者会見で、「平成の代替わりの式典は、現行憲法下で十分な検討が行われ司法の場でも政府の立場が肯定された。今回も踏襲されるべきものと確認した」と述べた。前回の皇位継承では、一連の儀式について憲法が定める国民主権や政教分離の原則との整合性が議論となり、各地で訴訟が起きたが、安倍晋三内閣は、最高裁が、儀式への参列に合憲の判断を下したことを根拠に、憲法問題が再燃しないよう前例踏襲にこだわった。しかし、最高裁は、肝心の大嘗祭に公費を支出することに対して、憲法判断は下してはいないのだ。さらに特筆しなければならないことだが、中曽根康弘内閣を初めとして、安倍晋三内閣までの諸内閣が、「天皇の神格否定（いわゆる人間宣言）」を、学校教育の場で政治的に利用し、隠蔽している事実である。即ち、安倍晋三内閣が、新天皇の即位に伴う大嘗祭について、憲法との整合性について検討することを回避したのは、憲法違反の疑いの他、既に憲法違反状態となっている、「天皇の神格否定（いわゆる人間宣言）」が学校教育の場で政治利用され、隠蔽されている事実が、国民の前に明らかにされるのを回避するためだったのではないか。天皇みずから神格性を否定した「天皇の神格否定（いわゆる人間宣言）」の史実を記載しないのは、史実の隠蔽であり、その教科書を生徒に学習させる学校教育は、道徳的にも間違っている。さらに、公立小・中・高校の学習指導要領（特別活動）に記載された次の内容「入学式や卒業式などにおいては、その意義を踏まえ、国旗を掲揚するとともに、国歌を斉唱するよう指導するものとする」は改正すべきだ。国歌は「君が代」であり、「君」は天皇を表しているが、天皇には神格性があるために、「斉唱するよう指導するものとする」から「斉唱させるのが望ましい」に改正すべきだ。国歌「君が代」と憲法との関係については、前述した論文〝「天皇の人間宣言」の政治利用〟に詳しく記載している。さらに安倍晋三内閣が、大嘗祭について憲法との整合性を検証しなかったのは、憲法違反の疑いを避けるだけではなく、憲法違反状態となっている「いわゆる人間宣言」が学校教育の場で政治利用され、隠蔽されている事実が明るみになれば、自民党歴代政権が推進してきた現在の学校教育制度の根幹を、覆すことになるからではないのか。安倍晋三内閣等諸内閣が履行した「天皇の神格否定（いわゆる人間宣言）」の政治利用によって、「天皇の神格」が蘇生され、その教育を受けた国民は、国民主権・

基本的人権などの主権行使を抑制する体質を持つことになり、同時に、国民各個の価値観・倫理感・人格形成・生き方に多大な影響を与えることになったことは、認めざるを得ない事実だろう。詳しくは、前述した論文〝「天皇の人間宣言」の政治利用〟に記述している。

東京都教育委員会通達の違法性

中曽根康弘内閣を始め、歴代内閣による「天皇の神格否定（いわゆる人間宣言）」の「政治利用」は、その後、地方政治にも大きな影響を与えることになった。石原慎太郎東京都知事の下、東京都教育委員会は、２００３年10月23日、都立高校及び盲聾養護学校長あてに次の通達を出した（一部略）。

入学式、卒業式等における国旗掲揚及び国歌斉唱の実施について（通達）

１（略）

２ 入学式、卒業式等の実施に当たっては、別紙のとおり行う。

3　国旗掲揚及び国歌斉唱に当たり、教職員が本通達に基づく校長の職務命令に従わない場合は、服務上の責任を問われることを、教職員に周知する。

入学式、卒業式等における国旗掲揚及び国歌斉唱に関する指針（別紙）

1　国旗掲揚について

式典会場の舞台壇上正面に掲揚する。都旗も併せて掲揚する。

国旗は壇上正面に向かって左、都旗は右に掲揚する。屋外での国旗の掲揚は来校者が十分認識できる場所に。

2　国歌斉唱について

式次第に「国歌斉唱」と記載する。司会者が「国歌斉唱」と発声し、起立を促す。教職員は国旗に向かって起立し、国歌を斉唱する。斉唱はピアノ伴奏等により行う。教職員の服装は式典にふさわしいものとする。

この東京都教育委員会が行った通達は、違法ではないか。以下にその理由を記すことにする。中曽根康弘内閣による教科書検定に於ける不作為（１９８６年7月7日）によって、「天皇の神格」が学校教育の中で政治利用され今日に至っているが、この政治利用は、憲法第20条「国及びその機関は宗教教育その他いかなる宗教的活動もしてはならない」に違反している。東京都教育委員会による通達は、教職員に対して国歌斉唱することを命令しているが、その国歌とは「君が代」であり、その「君」とは天皇を示している。さらに天皇には、中曽根康弘内閣による「天皇の神格否定（いわゆる人間宣言）」の政治利用、即ち隠蔽によって「神格」が付与されているため、東京都教育委員会による通達は、不当な支配に服するものであり違法である。

また、最高裁は、公立学校の卒業式で、「君が代」を斉唱するときに教諭を起立させる校長の職務命令をめぐる訴訟で、２０１１年5月30日、「君が代」起立命令は「合憲」との判決を下しているが、前述した理由により、再審すべきではないか。

下記に「君が代訴訟判決理由要旨」を記すことにする。

「須藤正彦、古田佑紀、竹内行夫、千葉勝美の4裁判官の一致した意見」

東京都立高校の教諭だった原告は2004年3月の卒業式について、校長から「国旗に向かって起立し国歌を斉唱すること」と職務命令を受けた。当時、公立高校の式典で「日の丸」掲揚と「君が代」斉唱が広く行われていた。卒業式などの式典における国歌斉唱の際の起立斉唱行為は、一般的、客観的に見て慣例上の儀礼的な所作としての性質があり、外部からもそう認識される。したがって元教諭の歴史観・世界観を否定することと不可分に結びつくとはいえず、職務命令は元教諭の歴史観・世界観それ自体を否定するとはいえない。起立斉唱行為が特定の思想やこれに反する思想の表明と評価するのも困難で、職務命令が個人の思想・良心の自由を直ちに制約するとは認められない。もっとも、この行為は教員が日常担当する教科や事務の内容には含まれず、国旗・国歌に対する敬意の表明という要素を含む。そうすると、自らの歴史観・世界観との関係で否定的な対象となる「日の丸」や「君が代」への敬意の表明に応じがたいと考える者が、敬意の表明の要素を含む行為を求められることは、思想・良心の自由についての間接的な制約となる面がある事は否定しがたい。こうした間接的な制約が許されるか否かは、職務命令の目的や内容、制限により生じる制約の態様を総合的に比べ、職務命令に制約を許容しうる程度の必要性・合理性が認められるかという観点から判断するのが相当だ。元教諭に対する職務命令は高校教育の目標や卒業式の儀式的行事の意義、あり方を定めた法令の趣旨に沿っている。地方公務員の地位の性質や職務の公共性を踏まえたうえで、生徒らへの配慮も含め、教育上の行事にふさわしい秩序の確保とともに、式典の円滑な進行を図るものと言える。以上の諸事情を踏まえると、思想・良心の自由についての間接的な制約となる面はあるものの、職務命令の目的や内容、制約の態様を総合的に比べれば、制約を許容しうる程度の必要性・合理性が認められる。思想・良心の自由を侵すものとして憲法19条に違反するとは言えない。

大阪府条例の違法性

「天皇の神格否定（いわゆる人間宣言）」の政治利用の動きは、大阪府でも起きた。
２０１１年６月13日、橋下徹大阪府知事の下、「大阪府の施設における国旗の掲揚及び教職員による国歌の斉唱に関する条例」が公布された。

（目的）

第１条　この条例は、国旗及び国歌に関する法律（平成11年法律第１２７号）、教育基本法（平成18年法律第１２０号）、及び学習指導要領の趣旨を踏まえ、府の施設における国旗の掲揚及び教職員による国歌の斉唱について定めることにより、府民、とりわけ次代を担う子どもが伝統と文化を尊重し、それらを育んできた我が国と郷土を愛する意識の高揚に資するとともに、他国を尊重し、国際社会の平和と発展に寄与する態度を養うこと並びに府立学校及び府内の市町村立学校における服務規律の厳格化を図ることを目的とする。

（定義）

第2条　（略）

（国旗の掲揚）

第3条　府の施設においては、その執務時間（地方自治法（昭和22年法律第67号）第244条第1項に規定する公の施設にあっては、府民の利用に供する時間）において、その利用者の見やすい場所に国旗を掲げるものとする。

（国歌の斉唱）

第4条　府立学校及び府内の市町村立学校の行事において行われる国歌の斉唱にあっては、教職員は起立により斉唱を行うものとする。ただし、身体上の障がい、負傷又は疾病により起立、若しくは斉唱するのに支障があると校長が認める者については、この限りでない。

2　前項の規定は、市町村の教育委員会による服務の監督の権限を侵すものではない。

この大阪府が公布した条令は、違法ではないか。以下その理由を記すことにする。中曽根康弘内閣が行った教科書検定に於ける不作為（1986年7月7日）によって、「天皇の神格否定（いわゆる人間宣言）」が学校教育の中で政治利用され、即ち隠蔽されて、公立小・中・高校の学習指導要領「入学式や卒業式などにおいては、その意義を踏まえ、国旗を掲揚するとともに、国歌を斉唱するよう指導するものとする」の内容に大きな影響を与えることになった。この政治利用は、憲法第20

条「国及びその機関は、宗教教育その他いかなる宗教的活動もしてはならない」に違反している。大阪府の条例は教職員に対し、起立して国歌斉唱することを命令しているが、その国歌とは「君が代」であり、その「君」とは天皇を示している。さらに天皇には、中曽根康弘内閣による「天皇の神格否定（いわゆる人間宣言）」の政治利用、即ち隠蔽によって「神格」が付与されているため、大阪府の条例は不当な支配に服するものであり、違法である。

歴史教科書の採択

小・中学校、高等学校、中等教育諸学校及びこれらに準ずる学校で使用する教科書は、文部科学大臣の検定を経ているが、検定に合格した教科書の中でどの教科書を採択するかは、都道府県教育委員会が採択地区を設定して行うことになっている。

２０１５年（平成27年）に、安倍晋三内閣の下で検定に合格した中学校社会（歴史）教科書は、「教科書名『中学社会　新しい歴史教科書』、発行者　株式会社自由社」「教科書名『新編　新しい日本の歴史』、発行者　株式会社　育鵬社」「教科書名『中学　歴史　日本の歴史と世界』、発行者　株式会社　清水書院」の３冊であった。これらの教科書には、いずれも「天皇の神格否定（いわゆる人間宣言)」の記述がなく、史実が隠蔽されている。上記の中学校社会(歴史)教科書を採択している主な地区と中高一貫校は次の通り。

東京都　平成30年度　(東京都ホームページより)

文京区　都立小石川中等教育学校　台東区　都立白鴎高校附属中学校

墨田区　都立両国高等学校附属中学校　目黒区　都立桜修館中等教育学校

中野区　都立富士高等学校附属中学校　練馬区　都立大泉高等学校附属中学校

八王子市　都立南多摩中等教育学校　立川市　都立立川国際中等教育学校

武蔵野市　都立武蔵高等学校附属中学校　三鷹市　都立三鷹中等教育学校

東村山市、武蔵村山市、小笠原支庁

神奈川県　平成30年度　(神奈川県ホームページより)

横浜第1(鶴見区)横浜第2(神奈川区)横浜第3(西区)横浜第4(中区)

横浜第5(南区)横浜第6(港南区)横浜第7(保土ヶ谷区)

横浜第8（旭区）　横浜第9（磯子区）　横浜第10（金沢区）　横浜第11（港北区）
横浜第12（緑区）　横浜第13（青葉区）　横浜第14（都筑区）　横浜第15（戸塚区）
横浜第16（栄区）　横浜第17（泉区）　横浜第18（瀬谷区）　藤沢市　秦野市

大阪府　　平成30年度　（大阪府ホームページより）

大阪市第1（福島区、此花区、北区）
大阪市第2（都島区、旭区、城東区、鶴見区）
大阪市第3（西区、港区、大正区、中央区）
大阪市第4（西淀川区、東淀川区、淀川区）
大阪市第5（東成区、生野区）
大阪市第6（東住吉区、平野区）
大阪市第7（住吉区、西成区、住之江区）
大阪市第8（天王寺区、浪速区、阿倍野区）
四條畷市地区（四條畷市）　泉佐野市地区（泉佐野市）

大阪市（此花区）市立咲くやこの花中学校

「天皇の神格」は、中曽根康弘内閣の教科書検定に於ける不作為によって復活され（１９８６年７月７日）、学習指導要領「入学式や卒業式などにおいては、その意義を踏まえ、国旗を掲揚するとともに、国歌を斉唱するよう指導するものとする」を通して、全国の公立小・中・高校で学ぶ生徒に訓育されてきた。これらの教育政策を推進してきたのは中曽根康弘内閣を始め、安倍晋三内閣に至るまでの18代の内閣であった。また「天皇の神格」は、教科書検定に合格した歴史教科書によっても行われ、中学校の場合、検定に合格後に発行された社会（歴史）教科書（２０１６年）は3社に上った。これらは、いずれも「天皇の神格否定（いわゆる人間宣言）」の史実が隠蔽された教科書である。一方、生徒は中学校で、学習指導要領「社会（公民的分野）」に基づき、〝基本的人権〟〝国民主権〟〝平和主義〟と〝象徴としての天皇の地位〟を学ぶことになるが、「天皇の神格」を訓育された生徒は、天皇の地位を上位に置き、基本的人権、国民主権等の国民の権利を下位に置くことになる。従って、何人も侵すことのできない、基本的人権、国民主権等の普遍的理念について、軽薄な人格が確立されると共に、「天皇の神格」が国民個々に封建的行動までも生み出し、日本国民全体の質を低下させる最大の源となっている。

「昭和天皇の宣言」について、認可教科書を検証

日本国憲法第1条は、次の様に規定している。「天皇は、日本国の象徴であり日本国民統合の象徴であって、この地位は、主権の存する日本国民の総意に基く」。従って国民は、「象徴」とはいかなる意味をもっているのか、深く考える必要があるが、私は、憲法が制定される直前に昭和天皇が発した詔書（1946年1月1日）の中の「いわゆる人間宣言」が属する部分について、再度検証することにする。

昭和天皇は次の様に宣言をおこなった。

「天皇ヲ以テ現御神トシ、且日本国民ヲ以テ他ノ民族ニ優越セル

民族ニシテ、延テ世界ヲ支配スベキ運命ヲ有ストノ架空ナル観念ニ基クモノニモ非ズ」。

昭和天皇の宣言は、「天皇の神格否定」の部分と、「日本国民は他の民族に優越する民族ではない」の二つの宣言で構成されている。「天皇の神格否定」については、本書の冒頭から検証を行ってきたが、「日本国民は他の民族に優越する民族ではない」についても、同じく検証を行うことにする。まず、この宣言がどの程度、国民に受け入れられたかを調べるために、文部省（文部科学省）検定済の公立高等学校の日本史教科書を点検することにした。点検する日本史教科書には、東京都の公立学校の75％（2015年度）が使用している「山川出版社発行分」を対象にした。

1　『改定版　日本史』

検定年月日不明　　文部省検定済（吉田茂内閣）

１９５２年（昭和27年）６月14日　発行
著作者　宝月圭吾
発行者　株式会社　山川出版社　代表者　野澤繁二
「天皇の神格否定」等の記述
〝天皇は１９４６年（昭和21年）、年頭の勅語によってみずからの神格を否定した〟とあるが、〝日本国民は他の民族に優越する民族ではない〟の記述はない。

２

『再訂　日本史』
１９５２年（昭和27年）７月30日　文部省検定済（吉田茂内閣）
１９５３年（昭和28年）８月５日　改訂
１９５４年（昭和29年）６月15日　発行
著作者　宝月圭吾

発行者　株式会社　山川出版社　代表者　野澤繁二
「天皇の神格否定」等の記述
〝天皇はみずから神格を否定し、国民との間の相互の信頼と敬愛によって結ばれるもので、単なる神話や伝説によるのでないことを声明した〟とあるが、〝日本国民は他の民族に優越する民族ではない〟の記述はない。

3

『三訂　日本史』
1952年（昭和27年）7月30日　文部省検定済（吉田茂内閣）
1955年（昭和30年）6月5日　発行
著作者　宝月圭吾
発行者　株式会社　山川出版社　代表者　野澤繁二
「天皇の神格否定」等の記述
〝天皇はみずから神格を否定し、国民との間の相互の信頼と敬愛によって結ばれるもので、単なる神話や伝説によるのでないことを声明した〟とあるが、〝日本国民は他の民族に優越する民族ではない〟の記述はない。

4

『四訂　日本史』
検定年月日不明　　　文部省検定済（鳩山一郎内閣）
１９５６年（昭和31年）５月15日　発行
　著作者　宝月圭吾
　発行者　株式会社　山川出版社　　代表者　野澤繁二
　「天皇の神格否定」等の記述
〝天皇はみずから神格を否定し、国民との間の相互の信頼と敬愛によって結ばれるもので、単なる神話や伝説によるのでないことを声明した〟とあるが、〝日本国民は他の民族に優越する民族ではない〟の記述はない。

5

『新修　日本史』
検定年月日不明　　文部省検定済（鳩山一郎内閣）
1956年（昭和31年）5月15日　発行
　著作者　宝月圭吾
　発行者　株式会社　山川出版社　　代表者　野澤繁二

「天皇の神格否定」等の記述

〝天皇は1946年（昭和21年）、年頭の勅語によってみずからの神格を否定し、国民との結合は相互の信頼と敬愛によるもので、単なる神話や伝説によるのでないことを声明した〟とあるが、〝日本国民は他の民族に優越する民族ではない〟の記述はない。

6

『改訂版　新修　日本史』
1956年（昭和31年）4月30日　文部省検定済（鳩山一郎内閣）

１９５８年（昭和33年）４月30日　一部改訂
１９６０年（昭和35年）３月５日　発行
著作者　代表者　宝月圭吾　東京大学文学部内史学会
発行者　株式会社　山川出版社　代表者　野澤繁二

「天皇の神格否定」等の記述

〝天皇は１９４６年（昭和21年）、年頭の勅語によってみずからの神格を否定し、国民との結合は相互の信頼と敬愛によるもので、単なる神話や伝説によるのでないことを声明した〟とあるが、〝日本国民は他の民族に優越する民族ではない〟の記述はない。

7

『再訂　新修　日本史』
１９５６年（昭和31年）４月30日　文部省検定済（鳩山一郎内閣）
１９６１年（昭和36年）５月10日　発行

著作者　代表者　宝月圭吾　東京大学文学部内史学会
発行者　株式会社　山川出版社　代表者　野澤繁二
「天皇の神格否定」等の記述
〝天皇は１９４６年（昭和21年）、年頭の勅語によってみずからの神格を否定し、国民との結合は相互の信頼と敬愛によるもので、単なる神話や伝説によるのでないことを声明した〟とあるが、〝日本国民は他の民族に優越する民族ではない〟の記述はない。

8

『五訂　日本史』
１９５７年（昭和32年）、月日は不明　文部省検定済（岸信介内閣）
１９５７年（昭和32年）４月20日　発行
著作者　宝月圭吾
発行者　株式会社　山川出版社　代表者　野澤繁二

「天皇の神格否定」等の記述

〝天皇はみずから神格を否定し、国民との間の相互の信頼と敬愛によって結ばれるもので、単なる神話や伝説によるのでないことを声明した〟とあるが、〝日本国民は他の民族に優越する民族ではない〟の記述はない。

9

『六訂　日本史』

1957年（昭和32年）4月30日　文部省検定済（岸信介内閣）

1958年（昭和33年）一部改訂

1958年（昭和33年）4月10日　発行

著作者　宝月圭吾

発行者　株式会社　山川出版社　代表者　野澤繁二

「天皇の神格否定」等の記述

〝天皇はみずから神格を否定し、国民との間の相互の信頼と敬愛によって結ばれるもので、単なる神話や伝説によるのでないことを声明した〟とあるが、〝日本国民は他の民族に優越する民族ではない〟の記述はない。

10

『七訂　日本史』
1957年（昭和32年）4月30日　文部省検定済（岸信介内閣）
1959年（昭和34年）4月30日　一部改訂
1960年（昭和35年）3月5日　発行
著作者　代表者　宝月圭吾　東京大学文学部内史学会
発行者　株式会社　山川出版社　代表者　野澤繁二

「天皇の神格否定」等の記述

〝天皇はみずから神格を否定し、国民との間の相互の信頼と敬愛によって結ばれるもので、単なる神話や伝説によるのでないことを声明した〟とあるが、〝日本国民は他の民族に優越する民族ではない〟の記述はない。

11

『詳説　日本史』

1959年（昭和34年）4月30日　文部省検討済（岸信介内閣）

1960年（昭和35年）3月10日　発行

著作者　宝月圭吾（東京大学教授）藤木邦彦（東京大学教授）

発行者　株式会社　山川出版社　代表者　野澤繁二

「天皇の神格否定」等の記述

〝1946年（昭和21年）1月1日の詔書で、天皇は神話や伝説に基く自己の神格を否定し、天皇と国民との関係は相互の信頼と敬愛とによって結ばれるものであることを宣言した〟とあるが、〝日本国民は他の民族に優越する民族ではない〟の記述はない。

12

『新編　日本史』

1963年（昭和38年）4月20日　文部省検定済（池田勇人内閣）

13

1967年（昭和42年）3月5日　発行
著作者　宝月圭吾　藤木邦彦
発行者　株式会社　山川出版社　代表者　野澤繁二
「天皇の神格否定」等の記述
〝天皇はみずから人間宣言をおこない〟とあるが、〝日本国民は他の民族に優越する民族ではない〟の記述はない。

『新編　日本史（改訂版）』
1963年（昭和38年）4月20日　文部省検定済（池田勇人内閣）
1969年（昭和44年）4月10日　改訂検定済
1974年（昭和49年）3月5日　発行
著作者　宝圭吾　藤木邦彦
発行者　株式会社　山川出版社　代表者　野澤繁二

「天皇の神格否定」等の記述

〝天皇はみずから人間宣言をおこない〟とあるが、〝日本国民は他の民族に優越する民族ではない〟の記述はない。

14

『詳説　日本史』

1964年（昭和39年）4月20日　文部省検定済（池田勇人内閣）

1967年（昭和42年）3月5日　発行

著作者　宝月圭吾　藤木邦彦

発行者　株式会社　山川出版社　代表者　野澤繁二

「天皇の神格否定」等の記述

〝天皇はみずから人間宣言をおこない〟とあるが、〝日本国民は他の民族に優越する民族ではない〟の記述はない。

15

『要説　日本史』
１９６４年（昭和39年）４月20日　文部省検定済（池田勇人内閣）
１９６７年（昭和42年）３月５日　発行
著作者　宝月圭吾　藤木邦彦
発行者　株式会社　山川出版社　代表者　野澤繁二
「天皇の神格否定」等の記述
〝天皇は国民との関係が単なる神話にもとづくものではない〟との記述はあるが、〝日本国民は他の民族に優越する民族ではない〟の記述はない。

16

『要説　日本史（再訂版）』
１９６４年（昭和39年）４月20日　文部省検定済（池田勇人内閣）
１９７０年（昭和45年）４月10日　改訂検定済
１９７４年（昭和49年）３月５日　発行

著作者　宝月圭吾　藤木邦彦　ほか4名
発行者　株式会社　山川出版社　代表者　野沢繁二
「天皇の神格否定」等の記述
〝天皇は国民との関係が単なる神話にもとづくものではない〟とあるが、
〝日本国民は他の民族に優越する民族ではない〟の記述はない。

17

『改訂版　要説　日本史』
1964年（昭和39年）4月20日　文部省検定済（池田勇人内閣）
1967年（昭和42年）4月10日　改訂検定済
1975年（昭和50年）3月5日　発行
著作者　宝月圭吾　藤木邦彦　ほか4名
発行者　株式会社　山川出版社　代表者　野澤繁二
「天皇の神格否定」等の記述

〝天皇は国民との関係が単なる神話にもとづくものではない〟とあるが、〝日本国民は他の民族に優越する民族ではない〟の記述はない。

18

『詳説　日本史（再訂版）』
1964年（昭和39年）4月20日　文部省検定済（池田勇人内閣）
1970年（昭和45年）4月10日　改訂検定済
1975年（昭和50年）3月5日　発行
著作者　宝月圭吾　藤木邦彦　ほか4名
発行者　株式会社　山川出版社　代表者　野澤繁二
「天皇の神格否定」等の記述

〝天皇はみずから人間宣言をおこない、国民との関係が単なる神話にもとづくものではない〟とあるが、〝日本国民は他の民族に優越する民族ではない〟の記述はない。

19

『改訂版　詳説　日本史』

1967年（昭和42年）、月日不明　文部省検定済（佐藤栄作内閣）

発行年月日不明

著作者　宝月圭吾　藤木邦彦

発行者　株式会社　山川出版社　代表者　野澤繁二

「天皇の神格否定」等の記述

〝天皇はみずから人間宣言をおこない〟とあるが、〝日本国民は他の民族に優越する民族ではない〟の記述はない。

20

『精選　日本史』

1967年（昭和42年）、月日不明　文部省検定済（佐藤栄作内閣）

1968年（昭和43年）、月日不明　発行

著作者　児玉幸多　笠原一男　井上光貞　ほか3名

発行者　株式会社　山川出版社　　代表者　野澤繁二
　「天皇の神格否定」等の記述
〝天皇はみずから人間宣言を行い〟とあるが、〝日本国民は他の民族に優越する民族ではない〟の記述はない。

21

『精選　日本史（改訂版）』
1967年（昭和42年）4月10日　文部省検定済（佐藤栄作内閣）
1970年（昭和45年）4月10日　改訂検定済
1973年（昭和48年）3月5日　発行
　著作者　児玉幸多　笠原一男　井上光貞　ほか3名
　発行者　株式会社　山川出版社　　代表者　野澤繁二
　「天皇の神格否定」等の記述
〝天皇はみずから人間宣言を行ない〟とあるが、〝日本国民は他の民族に優越する民族ではない〟の記述はない。

22
『要説　日本史　新版』
1973年（昭和48年）4月10日　文部省検定済（田中角栄内閣）
1977年（昭和52年）3月5日　発行
著作者　井上光貞　笠原一男　児玉幸多　ほか7名
発行者　株式会社　山川出版社　代表者　野澤繁二
「天皇の神格否定」等の記述
〝天皇はみずから神格を否定する詔書を発せられた〟とあるが、〝日本国民は他の民族に優越する民族ではない〟の記述はない。

23
『詳説　日本史（新版）』
1973年（昭和48年）4月10日　文部省検定済（田中角栄内閣）

24

1977年（昭和52年）3月5日　発行
著作者　井上光貞　笠原一男　児玉幸多　ほか7名
発行者　株式会社　山川出版社　代表者　野澤繁二

「天皇の神格否定」等の記述

〝天皇はみずから人間宣言をおこなって天皇の神格を否定した〟とあるが、〝日本国民は他の民族に優越する民族ではない〟の記述はない。

『要説　日本史（改訂版）』
1973年（昭和48年）4月10日　文部省検定済（田中角栄内閣）
1976年（昭和51年）4月10日　改訂検定済
1977年（昭和52年）3月5日　発行
著作者　井上光貞　笠原一男　児玉幸多　ほか7名
発行者　株式会社　山川出版社　代表者　野澤繁二

「天皇の神格否定」等の記述

〝天皇がみずからの神格を否定する詔書を発せられた〟とあるが、〝日本国民は他の民族に優越する民族ではない〟の記述はない。

25

『要説　日本史（再訂版）』

1973年（昭和48年）4月10日　文部省検定済（田中角栄内閣）

1979年（昭和54年）3月31日　改訂検定済

1980年（昭和55年）3月5日　発行

著作者　井上光貞　笠原一男　児玉幸多　ほか7名

発行者　株式会社　山川出版社　代表者　野澤繁二

「天皇の神格否定」等の記述

〝天皇がみずからの神格を否定する詔書を発せられた〟とあるが、〝日本国民は他の民族に優越する民族ではない〟の記述はない。

26

『標準　日本史』
１９７３年（昭和48年）４月10日　文部省検定済（田中角栄内閣）
１９７７年（昭和52年）３月５日　発行
著作者　井上光貞　笠原一男　児玉幸多
発行者　株式会社　山川出版社　代表者　野澤繁二

「天皇の神格否定」等の記述

〝天皇は国民との関係がたんなる神話や伝説にもとづくものではなくて、人間的な信頼と敬愛とによってむすばれるむねの人間宣言をおこなって、古い天皇制からの脱皮を明確にした〟とあるが、〝日本国民は他の民族に優越する民族ではない〟の記述はない。

27

『標準　日本史（再訂版）』
１９７３年（昭和48年）４月10日　文部省検定済（田中角栄内閣）

1980年（昭和55年）3月31日　改訂検定済
1981年（昭和56年）3月5日　発行
著作者　井上光貞　笠原一男　児玉幸多　ほか7名
発行者　株式会社　山川出版社　代表者　野澤繁二

「天皇の神格否定」等の記述

〝天皇は国民との関係がたんなる神話や伝説にもとづくものではなくて、人間的な信頼と敬愛とによってむすばれるむねの人間宣言をおこなって、古い天皇制からの脱皮を明確にした〟とあるが、〝日本国民は他の民族に優越する民族ではない〟の記述はない。

28

『詳説　日本史（再訂版）』
1973年（昭和48年）4月10日　文部省検定済（田中角栄内閣）
1980年（昭和55年）3月31日　改訂検定済

29

1981年（昭和56年）3月5日　発行
著作者　井上光貞　笠原一男　児玉幸多　ほか7名
発行者　株式会社　山川出版社　代表者　野澤繁二
「天皇の神格否定」等の記述
〝天皇はみずから人間宣言をおこなって天皇の神格を否定した〟とあるが、
〝日本国民は他の民族に優越する民族ではない〟の記述はない。

『日本史（新版）』
1981年（昭和56年）3月31日　文部省検定済（鈴木善幸内閣）
1982年（昭和57年）3月5日　発行
著作者　井上光貞　笠原一男　児玉幸多　ほか10名
発行者　株式会社　山川出版社　代表者　野澤繁二
「天皇の神格否定」等の記述

〝天皇は国民との関係が神話や伝説によるのではなく、人間的な信頼と敬愛とによってむすばれるむねのいわゆる人間宣言をおこなって、古い天皇制からの脱皮を明確にした〟とあるが、〝日本国民は他の民族に優越する民族ではない〟の記述はない。

30

『詳説　日本史（新版）』
1982年（昭和57年）3月31日　文部省検定済（鈴木善幸内閣）
1983年（昭和58年）3月5日　発行
著作者　井上光貞　笠原一男　児玉幸多　ほか10名
発行者　株式会社　山川出版社　代表者　野澤繁二
「天皇の神格否定」等の記述
〝天皇はみずからいわゆる人間宣言を行って天皇の神格を否定した〟とあるが、〝日本国民は他の民族に優越する民族ではない〟の記述はない。

31

『要説　日本史（新版）』
1982年（昭和57年）3月31日　文部省検定済（鈴木善幸内閣）
1983年（昭和58年）3月5日　発行
著作者　井上光貞　笠原一男　児玉幸多　ほか8名
発行者　株式会社　山川出版社　代表者　野澤繁二

「天皇の神格否定」等の記述

〝天皇がいわゆる人間宣言をおこなって、みずからの神格を否定した〟とあるが、〝日本国民は他の民族に優越する民族ではない〟の記述はない。

32

『日本の歴史（新版）』
1982年（昭和57年）3月31日　文部省検定済（鈴木善幸内閣）
1983年（昭和58年）3月5日　発行
著作者　児玉幸多　五味文彦　鳥海靖　平野邦雄

発行者　株式会社　山川出版社　　代表者　野澤繁二
「天皇の神格否定」等の記述
〝天皇の神格否定宣言〟とあるが、〝日本国民は他の民族に優越する民族ではない〟の記述はない。

33

『要説　日本史（再訂版）』
1982年（昭和57年）3月31日　文部省検定済（鈴木善幸内閣）
1987年（昭和62年）3月31日　改訂検定済
1988年（昭和63年）3月5日　発行
著作者　井上光貞　笠原一男　児玉幸多　ほか8名
発行者　株式会社　山川出版社　代表者　野澤繁二
「天皇の神格否定」等の記述
〝1946年（昭和21年）1月には、天皇がいわゆる人間宣言をおこなって、みずからの神格を否定し〃とあるが、〃日本国民は他の民族に優越する民族ではない〃の記述はない。

34

『詳説　日本史（再訂版）』
1982年（昭和57年）3月31日　文部省検定済（鈴木善幸内閣）
1990年（平成2年）3月31日　改訂検定済
1991年（平成3年）3月5日　発行
　著作者　井上光貞　笠原一男　児玉幸多　ほか10名
　発行者　株式会社　山川出版社　代表者　野澤繁二
　　「天皇の神格否定」等の記述
〃1946年（昭和21年）1月には、天皇はみずからいわゆる人間宣言を行って天皇の神格を否定した〃とあるが、〃日本国民は他の民族に優越する民族ではない〃の記述はない。

35

『要説　日本史（三訂版）』

１９８２年（昭和57年）３月31日　文部省検定済（鈴木善幸内閣）

１９９１年（平成３年）３月31日　改訂検定済

１９９２年（平成４年）３月５日　発行

著作者　井上光貞　笠原一男　児玉幸多　ほか８名

発行者　株式会社　山川出版社　代表者　野澤繁二

「天皇の神格否定」等の記述

〝１９４６年（昭和21年）１月には、天皇がいわゆる人間宣言をおこなって、みずからの神格を否定し〟とあるが、〝日本国民は他の民族に優越する民族ではない〟の記述はない。

36

『詳説　日本史（改訂版）』

１９８４年（昭和59年）、月日不明　文部省検定済（中曽根康弘内閣）

37

１９８５年（昭和60年）３月30日　教科書研究センター受付日
著作者　井上光貞　笠原一男　児玉幸多　ほか10名
発行者　株式会社　山川出版社　代表者　野澤繁二
「天皇の神格否定」等の記述
〝１９４６年（昭和21年）１月には、天皇はみずからいわゆる人間宣言を行って天皇の神格を否定した〟とあるが、〝日本国民は他の民族に優越する民族ではない〟の記述はない。

『日本史（改訂版）』
１９８４年（昭和59年）、月日不明　文部省検定済（中曽根康弘内閣）
１９８５年（昭和60年）３月30日　教科書研究センター受付日
著作者　井上光貞　笠原一男　児玉幸多　ほか10名
発行者　株式会社　山川出版社　代表者　野澤繁二

「天皇の神格否定」等の記述

〝1946年（昭和21年）1月、天皇は国民との関係が神話や伝説によるのではなく、人間的な信頼と敬愛とによってむすばれるむねのいわゆる人間宣言をおこなって、古い天皇制からの脱皮を明確にした〟とあるが、〝日本国民は他の民族に優越する民族ではない〟の記述はない。

38

『日本の歴史（改訂版）』

1984年（昭和59年）、月日不明　文部省検定済（中曽根康弘内閣）

1985年（昭和60年）3月30日　教科書研究センター受付日

著作者　児玉幸多　五味文彦　鳥海靖　平野邦雄

発行者　株式会社　山川出版社　代表者　野澤繁二

「天皇の神格否定」等の記述

〝天皇の神格否定宣言〟とあるが、〝日本国民は他の民族に優越する民族ではない〟の記述はない。

39

『要説　日本史（改訂版）』
１９８４年（昭和59年）、月日不明　文部省検定済（中曽根康弘内閣）
１９８５年（昭和60年）３月30日　教科書研究センター受付日
著作者　井上光貞　笠原一男　児玉幸多　ほか８名
発行者　株式会社　山川出版社　　代表者　野澤繁二

「天皇の神格否定」等の記述

〝１９４６年（昭和21年）１月には、天皇がいわゆる人間宣言をおこなって、みずからの神格を否定した〟とあるが、〝日本国民は他の民族に優越する民族ではない〟の記述はない。

40

『標準　日本史』

1986年（昭和61年）、月日不明　文部省検定済（中曽根康弘内閣）

1987年（昭和62年）4月1日　教科書研究センター受付日

　著作者　井上光貞　笠原一男　児玉幸多　ほか10名

　発行者　株式会社　山川出版社　代表者　野澤繁二

　「天皇の神格否定」等の記述

〝1946年（昭和21年）1月、天皇は国民との関係が神話や伝説によるのではなく、人間的な信頼と敬愛とによってむすばれるむねのいわゆる人間宣言をおこなって、古い天皇制からの脱皮を明確にした〟とあるが、〝日本国民は他の民族に優越する民族ではない〟の記述はない。

41

『標準　日本史（改訂版）』

1986年（昭和61年）3月31日　文部省検定済（中曽根康弘内閣）

1990年（平成2年）3月31日　改訂検定済
1991年（平成3年）3月5日　発行
著作者　井上光貞　笠原一男　児玉幸多　ほか10名
発行者　株式会社　山川出版社　代表者　野澤繁二

「天皇の神格否定」等の記述

〝1946年（昭和21年）1月、天皇は国民との関係が神話や伝説によるのではなく、人間的な信頼と敬愛とによってむすばれるむねのいわゆる人間宣言をおこなって、古い天皇制からの脱皮を明確にした〟とあるが、〝日本国民は他の民族に優越する民族ではない〟の記述はない。

42

『新詳説　日本史』
1987年（昭和62年）3月31日　文部省検定済（中曽根康弘内閣）
1988年（昭和63年）3月5日　発行

著作者　井上光貞　笠原一男　児玉幸多　ほか10名
発行者　株式会社　山川出版社　代表者　野澤繁二
「天皇の神格否定」等の記述
〝1946年（昭和21年）1月には、天皇はみずからいわゆる人間宣言を行って天皇の神格を否定した〟とあるが、〝日本国民は他の民族に優越する民族ではない〟の記述はない。

43

『新詳説　日本史（改訂版）』
1987年（昭和62年）3月31日　文部省検定済（中曽根康弘内閣）
1991年（平成3年）3月31日　改訂検定済
1992年（平成4年）3月5日　発行
著作者　井上光貞　笠原一男　児玉幸多　ほか10名
発行者　株式会社　山川出版社　代表者　野澤繁二

「天皇の神格否定」等の記述
〝1946年（昭和21年）1月には、天皇はみずからいわゆる人間宣言を行って天皇の神格を否定した〟とあるが、〝日本国民は他の民族に優越する民族ではない〟の記述はない。

44

『新日本の歴史』
1989年（平成元年）3月31日　文部省検定済（竹下登内閣）
1990年（平成2年）3月5日　発行
著作者　児玉幸多　五味文彦　鳥海靖　平野邦雄
発行者　株式会社　山川出版社　代表者　野澤繁二
「天皇の神格否定」等の記述
〝1946年（昭和21年）1月、天皇はいわゆる人間宣言をおこない、みずから天皇の神格を否定した〟とあるが、〝日本国民は他の民族に優越する民族ではない〟の記述はない。

45

『詳説　日本史』

1993年（平成5年）3月31日　文部省検定済（宮沢喜一内閣）

1994年（平成6年）3月5日　発行

著作者　石井進　笠原一男　児玉幸多　笹山晴生　ほか11名

発行者　株式会社　山川出版社　代表者　野澤繁二

「天皇の神格否定」等の記述

〝1946年（昭和21年）1月には昭和天皇はみずからいわゆる人間宣言を行って天皇の神格を否定した〟とあるが、〝日本国民は他の民族に優越する民族ではない〟の記述はない。

46
『日本の歴史』
1993年（平成5年）3月31日　文部省検定済（宮沢喜一内閣）
1994年（平成6年）3月5日　発行
　著作者　児玉幸多　五味文彦　鳥海靖　平野邦雄
　発行者　株式会社　山川出版社　　代表者　野澤繁二
　　「天皇の神格否定」等の記述
〝1946年（昭和21年）1月、天皇はいわゆる人間宣言をおこない、みずから天皇の神格を否定した〟とあるが、〝日本国民は他の民族に優越する民族ではない〟の記述はない。

47
『現代の日本史』
1993年（平成5年）3月31日　文部省検定済（宮沢喜一内閣）
1994年（平成6年）3月5日　発行

著作者　鳥海靖　野呂肖生　三谷博　渡辺昭夫
発行者　株式会社　山川出版社　代表者　野澤繁二
「天皇の神格否定」等の記述
〝天皇自身も1946年（昭和21年）、みずからの神格を否定する声明を公にし〟とあるが、〝日本国民は他の民族に優越する民族ではない〟の記述はない。

48

『高校日本史』
1994年（平成6年）3月31日　文部省検定済（細川護熙内閣）
1995年（平成7年）3月5日　発行
著作者　石井進　笠原一男　児玉幸多　笹山晴生　ほか11名
発行者　株式会社　山川出版社　代表者　野澤伸平
「天皇の神格否定」等の記述

〝1946年（昭和21年）元旦には昭和天皇はみずから、いわゆる人間宣言を行って天皇の神格を否定した〟とあるが、〝日本国民は他の民族に優越する民族ではない〟の記述はない。

49

『新日本史』
1994年（平成6年）3月31日　文部省検定済（細川護熙内閣）
1995年（平成7年）3月5日　発行
　著作者　石井進　笠原一男　児玉幸多　笹山晴生　ほか11名
　発行者　株式会社　山川出版社　代表者　野澤伸平
　　「天皇の神格否定」等の記述
〝1946年（昭和21年）1月には、天皇はみずからいわゆる人間宣言を行って天皇の神格を否定した〟とあるが、〝日本国民は他の民族に優越する民族ではない〟の記述はない。

50

『日本の歴史（改訂版）』
1997年（平成9年）3月31日　文部省検定済（橋本龍太郎内閣）
1998年（平成10年）3月5日　発行
著作者　児玉幸多　五味文彦　鳥海靖　平野邦雄
発行者　株式会社　山川出版社　代表者　野澤伸平
「天皇の神格否定」等の記述
〝1946年（昭和21年）1月、天皇はいわゆる人間宣言をおこない、みずから天皇の神格を否定した〟とあるが、〝日本国民は他の民族に優越する民族ではない〟の記述はない。

51

『日本史　A』
1997年（平成9年）3月31日　文部省検定済（橋本龍太郎内閣）
1998年（平成10年）3月5日　発行

52

著作者　石井進　笹山晴生　高村直助　ほか13名
発行者　株式会社　山川出版社　代表者　野澤伸平
「天皇の神格否定」等の記述
〝1946年（昭和21年）1月に、昭和天皇はいわゆる人間宣言を行って、「現御神（あきつみかみ）」としての天皇の神格をみずから否定した〟とあるが、〝日本国民は他の民族に優越する民族ではない〟の記述はない。

『詳説　日本史（改訂版）』
1997年（平成9年）3月31日　文部省検定済（橋本龍太郎内閣）
1998年（平成10年）3月5日　発行
著作者　石井進　笠原一男　児玉幸多　笹山晴生　ほか8名
発行者　株式会社　山川出版社　代表者　野澤伸平
「天皇の神格否定」等の記述

53

〝1946年（昭和21年）1月に、昭和天皇はいわゆる人間宣言を行って、「現人神」としての天皇の神格をみずから否定した〟とあるが、〝日本国民は他の民族に優越する民族ではない〟の記述はない。

『現代の日本史（改訂版）』
1998年（平成10年）3月15日　文部省検定済（橋本龍太郎内閣）
1999年（平成11年）3月5日　発行
著作者　鳥海靖　野呂肖生　三谷博　渡辺昭夫
発行者　株式会社　山川出版社　代表者　野澤伸平
「天皇の神格否定」等の記述
〝昭和天皇自身も1946年（昭和21年）、みずからの神格を否定する声明（いわゆる人間宣言）を公にし〟とあるが、〝日本国民は他の民族に優越する民族ではない〟の記述はない。

54

『高校日本史（改訂版）』
1998年（平成10年）3月31日　文部省検定済（橋本龍太郎内閣）
1999年（平成11年）3月5日　発行
　著作者　石井進　笠原一男　児玉幸多　笹山晴生　ほか9名
　発行者　株式会社　山川出版社　代表者　野澤伸平

「天皇の神格否定」等の記述

〝1946年（昭和21年）元旦には昭和天皇はみずから、いわゆる人間宣言を行って天皇の神格を否定した〟とあるが、〝日本国民は他の民族に優越する民族ではない〟の記述はない。

55

『新日本史（改訂版）』
1998年（平成10年）3月31日　文部省検定済（橋本龍太郎内閣）
1999年（平成11年）3月5日　発行

著作者　石井進　笠原一男　児玉幸多　笹山晴生　ほか9名
発行者　株式会社　山川出版社　代表者　野澤伸平
「天皇の神格否定」等の記述
〝1946年（昭和21年）1月には、昭和天皇はいわゆる人間宣言を行って、「現御神（アキツミカミ）」としての天皇の神格をみずから否定した〟とあるが、〝日本国民は他の民族に優越する民族ではない〟の記述はない。

56

『詳説日本史』
2002年（平成14年）4月4日　文部科学省検定済（小泉純一郎内閣）
2003年（平成15年）3月5日　発行
著作者　石井進　五味文彦　笹山晴生　高埜利彦　ほか10名
発行者　株式会社　山川出版社　代表者　野澤伸平
「天皇の神格否定」等の記述

〝1946年（昭和21年）元旦、昭和天皇はいわゆる人間宣言をおこなって、「現御神（アキツミカミ）」としての天皇の神格をみずから否定した〟とあるが、〝日本国民は他の民族に優越する民族ではない〟の記述はない。

57

『現代の日本史』
2002年（平成14年）4月4日　文部科学省検定済（小泉純一郎内閣）
2003年（平成15年）3月5日　発行
　著作者　鳥海靖　三谷博　渡邉昭夫　ほか1名
　発行者　株式会社　山川出版社　代表者　野澤伸平
「天皇の神格否定」等の記述
〝昭和天皇自身は、1946年（昭和21年）、みずからの神格を否定する声明（いわゆる人間宣言）を公にし〟とあるが、〝日本国民は他の民族に優越する民族ではない〟の記述はない。

58

『高校日本史』
2003年（平成15年）4月2日　文部科学省検定済（小泉純一郎内閣）
2004年（平成16年）3月5日　発行
著作者　石井進　五味文彦　笹山晴生　高埜利彦　ほか9名
発行者　株式会社　山川出版社　代表者　野澤伸平

「天皇の神格否定」等の記述
〃1946年（昭和21年）元旦には昭和天皇がみずから、いわゆる人間宣言をおこなって天皇の神格性を否定した〃とあるが、〃日本国民は他の民族に優越する民族ではない〃の記述はない。

59

『新日本史』
2003年（平成15年）4月2日　文部科学省検定済（小泉純一郎内閣）
2004年（平成16年）3月5日　発行

60

著作者　大津透　久留島典子　藤田覚　伊藤之雄
発行者　株式会社　山川出版社　代表者　野澤伸平
「天皇の神格否定」等の記述
〝1946年（昭和21年）1月には、GHQとの連携のもとで、昭和天皇はいわゆる人間宣言をおこなってみずからの神格を否定した〟とあるが、〝日本国民は他の民族に優越する民族ではない〟の記述はない。

『日本史A』
2003年（平成15年）4月2日　文部科学省検定済（小泉純一郎内閣）
2004年（平成16年）3月5日　発行
著作者　高村直助　高埜利彦　ほか6名
発行者　株式会社　山川出版社　代表者　野澤伸平
「天皇の神格否定」等の記述

〝1946年元日に、昭和天皇はいわゆる人間宣言を行って、「現御神（アキツミカミ）」としての天皇の神格をみずから否定した〟とあるが、〝日本国民は他の民族に優越する民族ではない〟の記述はない。

61

『現代の日本史（改訂版）』
2006年（平成18年）3月20日　文部科学省検定済（小泉純一郎内閣）
2007年（平成19年）3月5日　発行
　著作者　鳥海靖　三谷博　渡邉昭夫　ほか1名
　発行者　株式会社　山川出版社　代表者　野澤伸平
　　「天皇の神格否定」等の記述
〝昭和天皇自身は、1946年（昭和21年）、みずからの神格を否定する声明（いわゆる人間宣言）を公にし〟とあるが、〝日本国民は他の民族に優越する民族ではない〟の記述はない。

62

『詳説日本史（改訂版）』
２００６年（平成18年）３月20日　文部科学省検定済（小泉純一郎内閣）
２００７年（平成19年）３月５日　発行
著作者　石井進　五味文彦　笹山晴生　高埜利彦　ほか９名
発行者　株式会社　山川出版社　代表者　野澤伸平

「天皇の神格否定」等の記述

〃１９４６年（昭和21年）元日、昭和天皇はいわゆる人間宣言をおこなって、「現御神（アキツミカミ）」としての天皇の神格をみずから否定した〃とあるが、〃日本国民は他の民族に優越する民族ではない〃の記述はない。

63

『高校日本史（改訂版）』
２００７年（平成19年）３月22日　文部科学省検定済（安倍晋三内閣）
２００８年（平成20年）３月５日　発行

著作者　石井進　五味文彦　笹山晴生　高埜利彦　ほか9名
発行者　株式会社　山川出版社　代表者　野澤伸平
「天皇の神格否定」等の記述
〝1946年（昭和21年）元旦には、昭和天皇がみずから、いわゆる人間宣言を行って天皇の神格性を否定した〟とあるが、〝日本国民は他の民族に優越する民族ではない〟の記述はない。

64

『日本史A（改訂版）』
2007年（平成19年）3月22日　文部科学省検定済（安倍晋三内閣）
2008年（平成20年）3月5日　発行
著作者　高村直助　高埜利彦　ほか6名
発行者　株式会社　山川出版社　代表者　野澤伸平
「天皇の神格否定」等の記述

〝1946年（昭和21年）元日に、昭和天皇はいわゆる人間宣言を行って、「現御神（アキツミカミ）」としての天皇の神格をみずから否定した〟とあるが、〝日本国民は他の民族に優越する民族ではない〟の記述はない。

65

『新日本史（改訂版）』
2007年（平成19年）3月22日　文部科学省検定済（安倍晋三内閣）
2008年（平成20年）3月5日　発行
著作者　大津透　久留島典子　藤田覚　伊藤之雄
発行者　株式会社　山川出版社　代表者　野澤伸平
「天皇の神格否定」等の記述

〝1946年（昭和21年）1月には、GHQとの連携の下で、昭和天皇はいわゆる人間宣言をおこなってみずからの神格を否定し〟とあるが、〝日本国民は他の民族に優越する民族ではない〟の記述はない。

66

『現代の日本史』

2012年（平成24年）3月27日　文部科学省検定済（野田佳彦内閣）

2013年（平成25年）3月5日　発行

著作者　鳥海靖　ほか3名

発行者　株式会社　山川出版社　代表者　野澤伸平

「天皇の神格否定」等の記述

〝昭和天皇は、1946年（昭和21年）、みずからの神格を否定する声明（いわゆる人間宣言）を公にし〟とあるが、〝日本国民は他の民族に優越する民族ではない〟の記述はない。

67

『詳説日本史』

2012年（平成24年）3月27日　文部科学省検定済（野田佳彦内閣）

2013年（平成25年）3月5日　発行

著作者　笹山晴生　佐藤信　五味文彦　高埜利彦　ほか10名
発行者　株式会社　山川出版社　代表者　野澤伸平
「天皇の神格否定」等の記述
〝1946年（昭和21年）元日、昭和天皇はいわゆる人間宣言をおこなって、「現御神（アキツミカミ）」としての天皇の神格をみずから否定した〟とあるが、〝日本国民は他の民族に優越する民族ではない〟の記述はない。

68

『高校日本史』
2013年（平成25年）3月26日　文部科学省検定済（安倍晋三内閣）
2014年（平成26年）3月5日　発行
著作者　笹山晴生　佐藤信　五味文彦　高埜利彦　ほか9名
発行者　株式会社　山川出版社　代表者　野澤伸平
「天皇の神格否定」等の記述

〝1946年（昭和21年）元日、昭和天皇は、いわゆる人間宣言をして、「現御神（アキツミカミ）」としての天皇の神格性をみずから否定した〟とあるが、〝日本国民は他の民族に優越する民族ではない〟の記述はない。

69

『日本史A』
2013年（平成25年）3月26日　文部科学省検定済（安倍晋三内閣）
2014年（平成26年）3月5日　発行
著作者　高村直助　高埜利彦　ほか6名
発行者　株式会社　山川出版社　代表者　野澤伸平
「天皇の神格否定」等の記述
〝昭和天皇は1946年（昭和21年）元日、いわゆる人間宣言をおこなって、「現御神（アキツミカミ）」としての天皇の神格をみずから否定した〟とあるが、〝日本国民は他の民族に優越する民族ではない〟の記述はない。

70

『新日本史』

2013年（平成25年）3月26日　文部科学省検定済（安倍晋三内閣）

2014年（平成26年）3月5日　発行

著作者　大津透　久留島典子　藤田覚　伊藤之雄

発行者　株式会社　山川出版社　代表者　野澤伸平

「天皇の神格否定」等の記述

〝1946年（昭和21年）1月には、GHQとの連携のもとで、昭和天皇はいわゆる人間宣言をおこなってみずからの神格を否定し〟、とあるが、〝日本国民は他の民族に優越する民族ではない〟の記述はない。

71

『詳説　日本史　改訂版』

2016年（平成28年）3月18日　文部科学省検定済（安倍晋三内閣）

2017年（平成29年）3月5日　発行

著作者　笹山晴生　佐藤信　五味文彦　高埜利彦（ほか12名）
発行者　株式会社　山川出版社　代表者　野澤伸平

「天皇の神格否定」等の記述

〝1946年（昭和21年）元旦、昭和天皇はいわゆる人間宣言をおこなって、「現御神（アキツミカミ）」としての天皇の神格をみずから否定した〟とあるが、〝日本国民は他の民族に優越する民族ではない〟の記述はない。

吉田茂内閣と昭和天皇

公立高等学校において使用されてきた日本史教科書（文部省検定済の山川出版社発行分）を点検した結果、驚く結果が出てきた。何と、昭和天皇が発した詔書の中の〝日本国民は他の民族に優越する民族ではない〟とする宣言がどの日本史教科書にも記載されていないのだ。しかも、この異常な日本史教科書の発行が、１９５２年（昭和27年）から今日に至るまで、67年間も続いているのだ。まさに、戦後67年間、多くの日本国民が〝日本国民は他の民族に優越する民族ではない〟とする昭和天皇の宣言が隠蔽された教科書にもとづき、教育を受けてきたのだ。宣言文の中に〝他の民族〟との文言があるが、この文言は、朝鮮民族と中華民族等を指していると思われる。史実の隠蔽がある教科書を認可したのは、吉田茂内閣を始めに安倍晋三内閣に至る多くの歴代内閣であるが、これらの内閣は、日本国民の未来に許しがたい背信行為を行ってきたことになる。最初に、隠蔽のある日本史教科書を認可したのは吉田茂内閣だが、吉田茂内閣が、なぜ隠蔽のある歴史教科書の発行を認可したのかを考察することにする。

吉田茂首相は、1946年（昭和21年）1月1日に昭和天皇が発した「天皇の神格否定（いわゆる人間宣言）」を含む詔書に、大いに関係している。『昭和天皇実録第十』（著作権者　宮内庁、発行所　東京書籍株式会社、発行日　平成29年3月30日）によると、〝昭和21年1月5日、土曜日午後、表拝謁ノ間において外務大臣吉田茂に謁を賜り、この年1月1日の詔書に対する米国民の反応につき奏上を受けられる〟とある。

即ち、昭和天皇は、1月1日に発した「天皇の神格否定（いわゆる人間宣言）」

を含む詔書に対する米国民の反応について、吉田茂外務大臣から意見を聴いていたのである。

1946年（昭和21年）5月22日には、吉田茂が内閣総理大臣に任命された。

1946年（昭和21年）11月3日には、日本国憲法が公布された。

1947年（昭和22年）3月には、教育基本法と学校教育法が公布された。

1947年（昭和22年）4月には、労働基準法・独占禁止法・地方自治法が公布された。

1949年（昭和24年）4月には、検定教科書の使用が開始された。

以上の歴史的経過を経て、吉田茂首相は、「天皇の神格否定（いわゆる人間宣言）」を含む詔書について、「天皇の神格否定」の部分は記載されたが、「日本国民は他の民族に優越する民族ではない」の部分が記載されない歴史教科書に、検定合格を与えたのである。即ち、吉田茂首相は、国家・国民にとって最も重要な史実である「日本国民は他の民族に優越する民族ではない」とする昭和天皇の宣言を、隠蔽してしまったのだ。なおこの宣言の中の「他の民族」とは、朝鮮民族と中華民族等をさしていることは言うまでもない。

吉田茂首相が、「日本国民は他の民族に優越する民族ではない」とする昭和天皇の宣言を隠蔽したのは、何か理由があると思われる。従って、当時の内外の政治動向を顧みることにする。

第二次世界大戦の結果、ヨーロッパ諸国が弱体化した反面、資本主義陣営におけるアメリカの地位は圧倒的なものとなったが、他方、ソ連の影響のもとで東欧に共産主義諸国家が誕生し、社会主義陣営が形成された。１９４５年（昭和20年）10月、51ヵ国の参加で国際連合が成立して国際協力の気運が高まったが、同時にアメリカとソ連とは、戦後の国際秩序をめぐって対立を深めていった。アメリカは１９４７年3月、共産勢力の国際進出に対抗すると宣言し、翌年、西欧諸国の経済再建を援助するマーシャル＝プランを実施した。１９４９年4月には、西欧諸国とともに北大西洋条約機構（ＮＡＴＯ）という共同防衛体制をきずき、ソ連の「封じ込め」をはかった。極東では、1948年1月、アメリカ陸軍長官ロイヤルが演説を行い、日本に対する占領政策を見直す姿勢をしめした。ロイヤルは、日本経済を自立化させてアメリカの負担を軽くするとともに、共産主義に対する防壁としての役割を、日本に負わせることを主張した。1948年8月には、朝鮮南部が大韓民国として成立し、1948年9月には、朝鮮北部が朝鮮民主主義人民共和国として成立した。1949年10月には、毛沢東を主席とする中華人民共和国が樹立され、国民政府軍をひきいた蒋介石は台湾にのがれた。1950年1月、アメリカが大韓民国と相互防衛援助協定をむすぶと、2月、中華人民共和国とソ連は友好同盟相互援助条約をむすび、東西両陣営の緊張が高まった。同年6月、朝鮮半島の北緯38度線で戦闘がはじまり、朝鮮戦争が勃発した。大韓民国はアメリカを中心とする国連軍、朝鮮民主主義人民共和国は中国人民義勇軍の援助を受けて戦い、戦局ははげしくゆれ動いたが、しだいに膠着状態となり、1951年7月から休戦会議が開かれ、難航の末、1953年7月、板門店で休戦協定が調印された。

アメリカは、アジアにおける社会主義陣営の進出に対抗して、日本に自由主義陣営の拠点としての役割を期待し、日本の自立をはかり、対日講和条約の締結を急いだ。参戦国全体との講和にならないという反対論もあったが、第3次吉田茂内閣は、単独講和論を選択し、1951年（昭和26年）9月、サンフランシスコで、わが国とアメリカを中心とする48ヵ国との間に平和条約が調印された。翌年4月、条約が発効し、連合国軍の日本占領は終了した。

以上の内外政治動向の中、吉田茂内閣は1949年4月、学校教育法で定められた教科書について、検定教科書の使用を開始させた。即ち、公立高等学校の日本史教科書（山川出版社発行分）が、昭和天皇が発した詔書（1946年1月1日）の中の「天皇の神格否定（いわゆる人間宣言）」を含む宣言について、「天皇の神格否定」は記述されたが、「日本国民は他の民族に優越する民族ではない」の部分が隠蔽された日本史教科書に、検定合格を与えたのだ。吉田茂内閣は、極東における共産勢力進出の防壁の役割を期待するアメリカ側の要請を受け入れ、多岐にわたる政策を実行した。ただ吉田茂内閣が、昭和天皇の発した詔書（1946年1月1日）の中の〝「天皇の神格否定（いわゆる人間宣言）」を含む宣言〟について、その中の一部を隠蔽したのは、日本国民への背信行為であった。吉田茂内閣が隠蔽したのは「日本国民は他の民族に優越する民族ではない」とする宣言であったが、その意味するところは、戦前の日本国民が、朝鮮民族と中華民族に対する「優越思想」を基に、民族支配の展開を図ってきたのは、間違いであったとする昭和天皇の反省の念であった。吉田茂内閣は、昭和天皇による「日本国民は他の民族に優越する民族ではない」とする宣言が、共産勢力進出の防壁となるためには邪魔になると考えて、その宣言を隠蔽してしまったようだが、この隠蔽は人類の未来にとって、日本民族の未来にとって許すことのできない罪悪であることは、言うまでもない。吉田茂首相は、重要な史実の隠蔽が、日本民族の未来に計り知れない損失をもたらし、民族退化の源となることを考えなかったのだろうか。

「昭和天皇の宣言」を隠蔽した歴代内閣

吉田茂内閣に続いて、鳩山一郎内閣（1954年12月〜1956年12月）、岸信介内閣（1957年2月〜1960年7月）、池田勇人内閣（1960年7月〜1964年11月）、佐藤栄作内閣（1964年11月〜1972年7月）も、重要な史実である、〝昭和天皇による「日本国民は他の民族に優越する民族ではない」とする宣言〟を隠蔽した高校歴史教科書の発行を認可した。佐藤栄作内閣のもとでは、1965年6月22日、日本・韓国両国間に新しい国交を開くための日韓基本条約や関係協定、議定書の調印式が、首相官邸でおこなわれた。日本側全権委員として椎名悦三郎外務大臣、高杉晋一日韓会談主席代表と韓国側李外務部長官、金主席代表が署名、調印した。この結果、去る1951年末から曲折を重ねてきた日韓交渉は終結し、戦前の長い日本の朝鮮統治と戦後の外交空白によっていびつな関係を余儀なくされてきた日韓関係は、今後の解決にゆだねられた多くの課題や日韓両国民間の「心」の問題をはらみながらも、この日から新しい時代にはいった。

田中角栄内閣（1972年7月〜1974年12月）も、重要な史実である、〝昭和天皇による「日本国民は他の民族に優越する民族ではない」とする宣言〟を隠蔽した高校歴史教科書の発行を認可した。1972年9月29日、日中両国の国交が正常化され「日本国政府と中華人民共和国政府の共同声明」の調印式が、北京の人民会堂で行われ、次の共同声明が発表された。「日本国内閣総理大臣田中角栄は、中華人民共和国国務院総理周恩来の招きにより、1972年9月25日から9月30日まで、中華人民共和国を訪問した。田中総理大臣には大平正芳外務大臣、二階堂進内閣官房長官及びその他の政府職員が随行した。毛沢東主席は、9月27日に田中角栄総理大臣と会見した。双方は、真剣かつ友好的な話し合いを行なった。田中総理大臣及び大平外務大臣と周恩来総理及び姫鵬飛外交部長は、日中両国間の国交正常化問題をはじめとする両国間の諸問題及び双方が関心を有するその他の諸問題について、終始、友好的な雰囲気のなかで真剣かつ率直に意見を交換し、次の両政府の共同声明を発出することに合意した。日中両国は、一衣帯水の間にある隣国であり、長い伝統的友好の歴史を有する。両国国民は、両国間にこれまで存在していた不正常な状態に終止符を打つことを切望している。戦争状態の終結と日中国交の正常化という両国国民の願望の実現は両国関係の歴史に新たな1ページを開くこととなろう。日本側は、過去において日本国が戦争を通じて中国国民に重大な損害を与えたことについての責任を痛感し、深く反省する。また、日本側は、中華人民共和国政府が提起した「復交三原則」を十分理解する立場に立って国交正常化の実現をはかるという見解を再確認する。中国側は、これを歓迎するものである」(以下略)。

鈴木善幸内閣（1980年7月~1982年11月）も、重要な史実である、〝昭和天皇による「日本国民は他の民族に優越する民族ではない」とする宣言〟を隠蔽した高校歴史教科書の発行を認可した。鈴木善幸内閣の下では、第一次歴史教科書問題が起きた。１９８３年４月から高校と小学校で使われる新しい教科書に対する文部省の検定が６月25日までに終わり、７月１日からは、全国の展示会場で公開展示された。高校教科書の検定は、新学習指導要領に基く全面改訂本の第２年度分。初年度の１９８２年は、自民党と官・財界、一部学者らによる「偏向」キャンペーンに沿って社会科の「現代社会」が極めて「統制色」の強い検定にさらされたが、１９８３年も社会科を中心に「偏向」批判の論理がさらに徹底して貫かれた。憲法、安保・自衛隊、北方領土、権利・義務、大企業・経済などの記述をめぐって、文部省は１９８２年に続き削除、書き換えを迫った。加えて１９８３年は、歴史的な「天皇」「侵略」、現代では「現体制批判」などについて、とりわけ厳格な検定姿勢が目立ち、「戦前」の復権の方向が色濃く浮かび上がった。執筆者や編集者などの話を総合すると、とくに指示の多かった日本史、世界史、政治・経済で、各教科書会社にほぼ共通にチェックされた内容の特徴は、（１）戦前の日本の「侵略」行為の記述を極力薄める（2）帝国憲法の「民主性」を書く（3）天皇には奈良時代以前にさかのぼって敬語表現を使う（4）自衛隊の成立は、自衛隊法によっている（5）北方領土の領有権主張（6）国民の義務の強調（7）大企業、資本主義の擁護――など。昨年の「現代社会」に適用した検定尺度を用いて、その定着、徹底化を図ったとみられる。１９８２年7月26日、中国外務省の肖向前第1アジア局長が、在北京日本大使館の渡辺幸治公使を中国外務省に呼び、文部省による教科書検定について次の批判を申し入れた。「文部省の検定で、日本軍国主義が中国を侵略した歴史事実に改ざんが行われた」と指摘し、「教科書の書き換えは、中日国交正常化の際の共同声明や平和友好条約の精神に反している」と主張。「ありのままを説明することが、世々代々にわたり仲良くする上で有利と考える」との立場を明らかにし、「中国政府は日本政府が中国の立場に留意し、文部省の検定した教科書の誤りを正すよう切望している」と申し入れた。教科書問題は中国政府の抗議、韓国内の批判によって外交問題に発展した。8月26日鈴木善幸内閣は、韓国・中国との深刻な外交問題となった教科書問題に関する政府見解をとりまとめ、宮沢喜一官房長官談話として発表した。政府見解は、日中共同声明や日韓共同コミュニケにうたった過去への反省を再確認し、近隣諸国の批判を受けた教科書記述を「政府の責任において是正する」こと、教科用図書検定調査審議会に諮って検定基準を改めることを表明した。これを受け小川平二文部大臣が記者会見し、1、2ヵ月後には検定審の答申を得て、57年度検定教科書から新基準を適用することを明らかにした。11月24日、小川平二文部大臣は、教科書検定基準に「アジア諸国との国際理解と国際協調」をうたった1項目を加える改正を官報に告示した。

中曽根康弘内閣（1982年11月～1987年11月）も、重要な史実である、〝昭和天皇による「日本国民は他の民族に優越する民族ではない」とする宣言〟を隠蔽した高校歴史教科書の発行を認可した。中曽根康弘内閣による歴史教科書の認可については、既に本書の前部に記述済みであるが、「天皇の神格否定（いわゆる人間宣言）」を政治利用した歴史教科書の発行を認可している。ここで再度、政治利用された歴史教科書について要約を記すことにする。

1985年8月29日、「日本を守る国民会議」（議長＝加瀬俊一・元国連大使）編集の高校日本史教科書が、文部省に検定申請された。同国民会議とは、元号法制化実現国民会議の運動を引き継いだ民間団体で、当時は「天皇陛下御在位六十年奉祝」の運動に取り組んでいた。同国民会議の呼びかけに対し、戦後の教科書検定の中核的役割を果たした村尾次郎氏をはじめ、村松剛筑波大教授、小堀桂一郎東大教授、滝川政次郎國學院大名誉教授、結城陸郎名古屋大名誉教授ら学者文化人が協力。朝比奈正幸元京華商業校長らを中心に執筆され、東京の原書房を通じて検定申請された。編集にあたっては、（1）古代史では、考古学だけでなく神話を通して日本の建国を理解させる（2）皇室に対する敬意をはぐくむ（3）近現代史では、日本を一方的に加害者と決め付ける書き方はしない、などの方針がとられた。「古代国家の形成」の章では日本の国生み神話や神武東遷伝承、日本武尊の熊襲、蝦夷征伐を紹介。皇室関係では、「聖徳太子が……国政の改革と文化の興隆をはかられることになった」と敬語を使い、さらに「三種の神器」「新嘗祭」「〝天皇〟号」「神武紀元」「菊花紋」「国旗・国歌」などの由来や「宮廷年中行事」の説明など皇室関係の記述が際立っている。近現代史では、教育勅語について、「これは、日本古来の国家観念と人倫道徳とを融合した国民道徳の教えであって、忠孝・博愛・修学・遵法・義勇奉公などの普遍的な徳目が列挙され……」「諸外国にもひろく紹介されて、高い評価をうけた」と記述している。戦後では、昭和21年のいわゆる「天皇の人間宣言」について、「〝新日本建設に関する詔書〟を発表して国民を激励された」などとしているが、「天皇の神格否定」についての記述はない。1986年1月、文部省は検定審議会第2部会（社会科）を開き、この原稿本の合否を諮問した。文部省と第2部会日本史小委員会は、検定基準に合わない記述や史実に基かない記述を修正させることなどを条件に合格させる予定だった。しかし、一部の委員から「一読、きわめて不愉快だ」「近隣諸国に対する配慮に問題がある」などの意見が強く出た。このため文部省は、審議会の意見を十分に踏まえて執筆者らと調整し、書き改められた内容を改めて審議会に諮るという異例の措置を提案して、ひとまず終えた。3月、文部省が出版社側に伝えた修正意見（必ず書き直すことが条件）、改善意見（書き直さない場合には理由書の提出が義務）は800箇所にも上った。このため内閲本の調整は難航し、5月19日やっと調整が終了した。6月7日、楊振亜中国外務省アジア局長が股野景親中国駐在臨時代理大使を呼んで、文部省の教科書検定調査審議会が最近検定した「日本を守る国民会議」編集の高校日本史教科書問題について厳正な申し入れを行うとともに、中国外務省の覚書を手渡した。6月14日、韓国の孫製錫文相は国会本会議で、「日本を守る国民会議」作成の高校日本史教科書問題について、「日本の戦前の体制を擁護し、自国中心の偏見から生まれた誤りが多い」と指摘、同教科書の〝復古調〟を批判した。6月18日、中曽根康弘首相はホテルで記者会見し、「日本を守る国民会議」が編集した高校日本史教科書に対し、文部省が、中国や韓国からの批判に配慮する形で異例の修正を求めたことについて、「政府内で検討の結果、再検討するのが望ましいということになり、検定作業が最終段階の前だったのでしかるべき措置をとった」と述べ、修正は首相を含む政府最高レベルの意向を受けて行われたことを明らかにした。「見本本」提出予定直前の6月28日に、文部省側から異例の修正を求められていた「日本を守る国民会議」編集の高校日本史教科書関係者は、7月1日夜、「見本本を本日、文部省に提出した」と語った。「日本を守る国民会議」編集の高校日本史教科書に対する3度目と4度目の異例の書き直し要求をめぐって、文部省と執筆者側の調整作業が、3日夜から4日夜まで続けられた。4日午後から再び行われた調整で難航したのは、(1)日韓併合(2)満州事変(3)満州国建国(4)戦後の朝鮮関係の記述(5)「いわゆる天皇の人間宣言」についての記述、の5項目であった。このうち「いわゆる天皇の人間宣言」についての記述以外は、執筆者側が修正に同意した。しかし、「いわゆる天皇の人間宣言」に触れようとする文部省の要求に、執筆者側の一部が最後まで強く反対し、「人間宣言」という言葉を使わない案を文部省側に示した。5日、最後まで執筆者側と文部省との間で対立が続いていた「いわゆる天皇の人間宣言」をめぐる記述について、双方が合意に達し、決着した。7日に発表された修正結果によると、「天皇の神格否定（いわゆる人間宣言）」についての直接的な記述はなく、詔書の内容が一部引用されただけにとどまった。このようにして、中曽根康弘内閣は、「天皇の神格否定（いわゆる人間宣言）」についての直接的な記述のない「日本を守る国民会議」編集の高校日本史の発行を認可したのだが、この認可によって、「天皇の神格否定（いわゆる人間宣言）」という史実が隠蔽されることになった。また、この隠蔽によって、「天皇の神格」が政治に持ち込まれることになったのは言うまでもない。

中曽根康弘内閣に続いて、竹下登内閣（1987年11月～1989年6月）、宮沢喜一内閣（1991年11月～1993年8月）、細川護熙内閣（1993年8月～1994年4月）、橋本龍太郎内閣（1996年1月～1998年7月）も、重要な史実である、〝昭和天皇による「日本国民は他の民族に優越する民族ではない」とする宣言〟を隠蔽した高校歴史教科書の発行を認可した。

小泉純一郎内閣（2001年4月～2006年9月）も、重要な史実である、〝昭和天皇による「日本国民は他の民族に優越する民族ではない」とする宣言〟を隠蔽した高校歴史教科書の発行を認可した。2002年9月17日、小泉純一郎首相と朝鮮民主主義人民共和国（北朝鮮）の金正日総書記は、平壌市内の百花園迎賓館で約2時間半、会談をした。北朝鮮側は会談に先立ち、拉致されたと見られていた8件11人を含む計14人の消息を明らかにしたが、内訳は8人が死亡、生存は5人、該当なしが1人だった。会談で首相が「強く抗議する」と述べたのに対し、金総書記は拉致の事実を認めたうえで、「遺憾なことだった。率直におわびしたい」と謝罪した。両首脳は国交正常化交渉の再開を柱とする「日朝平壌宣言」に署名し、10月に第12回の交渉が開かれることになった。

日朝平壌宣言（骨子）

（1）10月中に国交正常化交渉を再開

（2）日本は植民地支配で朝鮮の人々に多大の損害と苦痛を与えたことに、痛切

な反省と心からのおわびを表明
（3）国交正常化後、経済協力を実施
（4）双方は戦前の財産・請求権を放棄
（5）日本国民の生命と安全にかかわる懸案が今後生じることがないよう、北朝鮮は適切に措置
（6）朝鮮半島の核問題の解決のため、国際的合意を順守
（7）北朝鮮はミサイル発射のモラトリアム（凍結）を03年以降も延長

安倍晋三内閣（2006年9月～2007年9月、2012年12月～現内閣）も、重要な史実である〝昭和天皇による「日本国民は他の民族に優越する民族ではない」とする宣言〟を隠蔽した高校歴史教科書の発行を認可した。

野田佳彦内閣（2011年9月～2012年12月）も、重要な史実である〝昭和天皇による「日本国民は他の民族に優越する民族ではない」とする宣言〟を隠蔽した高校歴史教科書の発行を認可した。

以上述べたとおり、日本国は戦後67年間にわたって、多くの内閣が、重要な史実である〝昭和天皇の「日本国民は他の民族に優越する民族ではない」とする宣言〟を隠蔽した高校歴史教科書（発行者　山川出版社）の発行を認可したのであった。この宣言の意味するものは、〝戦前の日本国民が、朝鮮民族と中華民族に対する「優越思想」を基に、民族支配の展開を図ってきたのは、間違いであったとする昭和天皇の反省の念〟であったが、吉田茂内閣を初めに、多くの歴代内閣が行った隠蔽によって、大半の日本国民は、「日本国民は他の民族に優越する民族ではない」とする昭和天皇の反省の念を、学校教育で学ぶことはなかったのだ。従って、隠蔽のある教育を受けてきた大半の日本国民は、朝鮮民族と中華民族に対して、歪んだ感情を持つ国民になってしまったのだ。

「昭和天皇の宣言」の隠蔽と日韓関係

続いて、慰安婦問題を中心に日韓関係を検証することにする。1990年1月、韓国の新聞で慰安婦問題の記事が連載され、同年5月の盧泰愚（ノテウ）大統領訪日をきっかけに、女性団体などが、慰安婦問題に対する日本政府の真相究明と謝罪、補償を求めた。1991年8月には金学順（キムハクスン）さんが、韓国在住の元慰安婦として初めて名乗り出て証言した。その後、元慰安婦の告白が相次ぎ、12月には元慰安婦らが日本政府を相手とする訴訟もおきた。1991年12月、韓国政府は日本政府に謝罪をするよう打診した。1992年1月、慰安所に旧日本軍が関与したことを示す公文書の存在が明るみになり、加藤紘一官房長官が、初めて軍の関与を認めた。またその直後には、韓国を訪問した宮沢喜一首相が、日韓首脳会談で慰安婦問題について謝罪した。１９９３年8月には、河野洋平官房長官が、次に示す談話を発表した。

「いわゆる従軍慰安婦問題については、政府は、一昨年12月より、調査を進めて来たが、今般その結果がまとまったので発表することとした。今次調査の結果、長期に、かつ広範な地域にわたって慰安所が設置され、数多くの慰安婦が存在したことが認められた。慰安所は、当時の軍当局の要請により設営されたものであり、慰安所の設置、管理及び慰安婦の移送については、旧日本軍が直接あるいは間接にこれに関与した。慰安婦の募集については、軍の要請をうけた業者が主としてこれに当たったが、その場合も、甘言、強圧による等、本人たちの意思に反して集められた事例が数多くあり、更に、官憲等が直接これに加担したこともあったことが明らかになった。また、慰安所における生活は、強制的な状況の下での痛ましいものであった。なお、戦地に移送された慰安婦の出身地については、日本を別とすれば、朝鮮半島が大きな比重を占めていたが、当時の朝鮮半島は我が国の統治下にあり、その募集、移送、管理等も、甘言、強圧による等、総じて本人たちの意思に反して行われた。いずれにしても、本件は、当時の軍の関与の下に、多数の女性の名誉と尊厳を深く傷つけた問題である。政府は、この機会に、改めて、その出身地のいかんを問わず、いわゆる従軍慰安婦として数多の苦痛を経験され、心身にわたり癒しがたい傷を負われたすべての方々に対し、心からお詫びと反省の気持ちを申し上げる。また、そのような気持ちを我が国としてどのように表すかということについては、有識者のご意見なども徴しつつ、今後とも真剣に検討すべきものと考える。われわれはこのような歴史の真実を回避することなく、むしろこれを歴史の教訓として直視していきたい。われわれは、歴史研究、歴史教育を通じて、このような問題を永く記憶にとどめ、同じ過ちを決して繰り返さないという固い決意を改めて表明する。なお、本問題については、本邦において訴訟が提起されており、また、国際的にも関心が寄せられており、政府としても、今後とも、民間の研究を含め、十分に関心を払って参りたい。」

河野談話を受けて、1995年7月、村山富市内閣は、「女性のためのアジア平和国民基金」(アジア女性基金)を発足させた。首相によるお詫びの手紙と国民の寄付から「償い金」200万円、国費から医療福祉事業として120万円~300万円が元慰安婦に支給された。

1995年8月15日、村山富市内閣は「戦後50年に当たっての首相談話」を閣議決定し、村山富市首相が記者会見で次の談話を発表した。

「先の大戦が終わりを告げてから50年の歳月が流れました。今、あらためて、あの戦争によって犠牲となられた内外の多くの人々に思いを馳せるとき、万感胸に迫るものがあります。

敗戦後、日本は、あの焼け野原から、幾多の困難を乗りこえて、今日の平和と繁栄を築いてまいりました。このことは私たちの誇りであり、そのために注がれた国民の皆様一人一人の英知とたゆみない努力に、私は心から敬意の念を表すものであります。ここに至るまで、米国をはじめ、世界の国々から寄せられた支援と協力に対し、あらためて深甚な謝意を表明いたします。また、アジア太平洋近隣諸国、米国、さらには欧州諸国との間に今日のような友好関係を築き上げるに至ったことを、心から喜びたいと思います。

平和で豊かな日本となった今日、私たちはややもすればこの平和の尊さ、有り難さを忘れがちになります。私たちは過去のあやまちを二度と繰り返すことのないよう、戦争の悲惨さを若い世代に語り伝えていかなければなりません。特に近隣諸国の人々と手を携えて、アジア太平洋地域ひいては世界の平和を確かなものとしていくためには、なによりも、これらの諸国との間に深い理解と信頼にもとづいた関係を培っていくことが不可欠と考えます。

政府は、この考えにもとづき、特に近現代における日本と近隣アジア諸国との関係にかかわる歴史研究を支援し、各国との交流の飛躍的な拡大をはかるために、この二つを柱とした平和友好交流事業を展開しております。また、現在取り組んでいる戦後処理問題についても、わが国とこれらの国々との信頼関係を一層強化するため、私は、引き続き誠実に対応してまいります。

いま、戦後50周年の節目に当たり、われわれが銘記すべきことは、来し方を訪ねて歴史の教訓に学び、未来を望んで、人類社会の平和と繁栄への道を誤らないことであります。

わが国は、遠くない過去の一時期、国策を誤り、戦争への道を歩んで国民を存亡の危機に陥れ、植民地支配と侵略によって、多くの国々、とりわけアジア諸国の人々に対して多大の損害と苦痛を与えました。私は、未来に過ち無からしめんとするが故に、疑うべくもないこの歴史の事実を謙虚に受け止め、ここにあらためて痛切な反省の意を表し、心からのお詫びの気持ちを表明いたします。また、この歴史がもたらした内外すべての犠牲者に深い哀悼の念を捧げます。敗戦の日から50周年を迎えた今日、わが国は、深い反省に立ち、独善的なナショナリズムを排し、責任ある国際社会の一員として国際協調を促進し、それを通じて、平和の理念と民主主義とを押し広めていかなければなりません（略）」。

村山富市内閣が発足させた「女性のためのアジア平和国民基金」は、1965年の日韓基本条約・請求権協定で個人の請求権問題は「解決済」との立場を維持しつつ、国民の寄付と国費により元慰安婦への「償い」をしようという事業だった。しかし元慰安婦や支援団体からは、国家補償を求めて基金に反発する声も強く、活動は韓国内では理解を得られなかった。

2011年8月30日、韓国の憲法裁判所は、戦時中の日本軍元慰安婦らが日本政府に損害賠償を求める個人の請求権問題について、韓国政府が日本と外交交渉しないのは「被害者らの基本的人権を侵害し、憲法違反にあたる」とする初の決定を出した。

2011年12月14日、元日本軍慰安婦らが「日本政府の謝罪と賠償」を訴えてソウルの日本大使館前で続けてきた集会が、14日で、通算1000回に達した。支援団体は「歴史を忘れないため」として、大使館そばに元慰安婦の少女時代を題材にした記念碑を設置した。

２０１１年12月18日、韓国の李明博（イミョンバク）大統領が来日し、野田佳彦首相と首脳会談を行った。李大統領が慰安婦問題について「両国の障害になっている慰安婦問題を優先的に解決する真の勇気を持たなければならない」と述べ、問題解決を強く求めた。野田首相は「わが国の法的立場は決まっている」と反論し、１９６５年の日韓基本条約・請求権協定で解決済みとの立場を伝えた。

２０１３年８月15日、68回目の終戦の日を迎え、政府主催の全国戦没者追悼式が東京都千代田区の日本武道館で開かれた。安倍晋三首相は式辞で、アジア諸国に対する加害責任に触れなかった。加害責任について歴代首相の式辞は、細かい表現を変えながらも、アジア諸国への「深い反省」と「哀悼の意」を示してきた。

２０１３年９月30日、韓国の朴槿恵（パククネ）大統領は、訪韓中のヘーゲル米国国防長官との会談で、日韓関係について「歴史や領土問題で後ろ向きの発言をする日本の指導部のせいで、信頼が形成できない」と指摘した。慰安婦問題などで日本政府が誠意ある姿勢を見せない限り、安倍首相との首脳会談は困難との考えを示したものだ。

２０１３年11月1日、第2次世界大戦末期に「女子勤労挺身隊員」として朝鮮半島から徴用され、三菱重工業の名古屋軍需工場で働かされた韓国人女性や遺族計5人が、同社に損害賠償を求めた訴訟の判決が、韓国の光州地裁であった。原告らの個人請求権を認めた上で、慰謝料として女性1人あたり1・5億ウォン（約１４００万円）、遺族には8千万ウォンを支払うよう命じた。三菱重工は控訴する方針。韓国では、大法院（最高裁）が２０１２年5月、元徴用工らの日本企業に対する個人請求権は「韓国では消滅していない」とする判断を示した。その後、三菱重工など日本企業を訴える訴訟があらたに4件起こされたが、判決は初めてであった。徴用の実態を調べる韓国の政府委員会によると、日本の企業などでの「強制労務被害」は3万件を超し、新たな集団訴訟を準備している団体もある。日本政府や企業は、１９６５年の日韓基本条約・請求権協定で「解決済み」との立場をとっている。

2014年3月1日、韓国の朴槿恵大統領は、日本の植民地支配下で起きた「3・1独立運動」の記念式典で、旧日本軍慰安婦問題に関する「河野談話」の再検証に向けた日本政府の動きを強く牽制。「過ちを認めることができない指導者は新たな未来を開けない」と述べ、安倍政権に慰安婦問題や歴史認識問題への対応を改めて求めた。朴氏は演説で、日韓が来年、国交正常化50年を迎えることに触れたうえで、これまでの両国関係の発展は「平和憲法を土台に周辺国との善隣友好関係を進め、村山談話と河野談話を通じて植民地支配と侵略を反省し、未来に進もうとしてきた歴史認識があったからだ」と指摘した。朴氏は1月の年頭会見でも、1993年の河野官房長官談話と95年の村山首相談話の重要性を強調している。だが、2月になって菅義偉官房長官が、元慰安婦の証言などを根拠に旧日本軍の関与を認めた河野談話の作成過程の検証を表明した。朴氏はこの日の演説で「歴史の真実は生きている方々の証言だ。政治的な利害のためにこれを認めないなら、孤立を招くだけだ」と警告し、「被害者の傷は当然に癒やされなければならない」として慰安婦問題への対応を求めた。

２０１５年11月24日、安部晋三首相は、首相官邸で岸田文雄外相と会談し、11月の日韓首脳会談で一致した慰安婦問題の早期妥結に向け、年内に韓国を訪問するよう指示した。

２０１５年12月28日、日韓両政府はソウルで外相会談を開き、慰安婦問題を決着させることで合意した。日本政府が軍の関与や政府の責任を認め、元慰安婦支援で韓国政府が新たに設立する財団に日本から10億円を拠出すると表明。日韓双方が、この枠組みを「最終的かつ不可逆的解決」とすることを確認した。岸田文雄外相と韓国の尹炳世（ユンビョンセ）外相との共同記者会見の内容は次の通り。

［岸田外相］
（1）慰安婦問題は、当時の軍の関与の下に、多数の女性の名誉と尊厳を深く傷つけた問題であり、かかる観点から、日本政府は責任を痛感している。安倍首相は、日本国の首相として改めて、慰安婦としてあまたの苦痛を経験

され、心身にわたり癒しがたい傷を負われた全ての方々に対し、心からおわびと反省の気持ちを表明する。

（2）日本政府は、これまでも本問題に真摯（しんし）に取り組んできたところ、その経験に立って、今般、日本政府の予算により、全ての元慰安婦の方々の心の傷を癒す措置を講じる。具体的には、韓国政府が、元慰安婦の方々の支援を目的とした財団を設立し、これに日本政府の予算で資金を一括で拠出し、日韓両政府が協力し、全ての元慰安婦の方々の名誉と尊厳の回復、心の傷の癒しのための事業を行うこととする。

（3）日本政府は上記を表明するとともに、これらの措置を着実に実施するとの前提で、今回の発表により、この問題が最終的かつ不可逆的に解決されることを確認する。あわせて、日本政府は、韓国政府と共に、今後、国連等国際社会において、本問題について互いに非難・批判することは控える。

なお（2）の予算措置については、規模はおおむね10億円程度となった。

以上については、日韓両首脳の指示に基いて行ってきた協議の結果であり、これをもって日韓関係が新時代に入ることを確信している。

［尹（ユン）・韓国外相］

（1）韓国政府は、日本政府の表明と今回の発表に至るまでの取り組みを評価し、日本政府が表明した措置が着実に実施されるとの前提で、今回の発表により、日本政府と共に、この問題が最終的かつ不可逆的に解決されることを確認する。韓国政府は、日本政府の実施する措置に協力する。

（2）韓国政府は、日本政府が在韓国日本大使館前の少女像に対し、公館の安寧・威厳の維持の観点から懸念していることを認知し、韓国政府としても、可能な対応方向について関連団体と話し合いを行い、適切なかたちで解決するよう努力する。

（3）以下は略。

合意した上記の「日韓外相の共同発表」の内容を精査することにする。

安倍晋三内閣など歴代内閣は、植民地支配並びに戦争で生じた被害の賠償について、「1965年に調印された日韓基本条約・日韓請求権協定で、完全かつ最終的に解決済みで、法的責任は認められない」との立場を執っている。しかし、日韓基本条約は、次のように規定している。

「日本国及び大韓民国は、両国民間の関係の歴史的背景と、善隣関係及び主権の相互尊重の原則に基づく両国間の関係の正常化に対する相互の希望とを考慮し、両国の相互の福祉及び共通の利益の増進のため並びに国際の平和及び安全の維持のために、両国が国際連合憲章の原則に適合して緊密に協力することが重要であることを認め、1951年9月8日にサン・フランシスコ市で署名された日本国との平和条約の関係規定及び1948年12月12日に国際連合総会で採択された決議第195号(Ⅲ)を想起し、この基本関係に関する条約を締結することに決定し、よって、その全権委員として次のとおり任命した。」

(以下略)

上記の日韓基本条約を締結したのは佐藤栄作内閣であったが、条約には、日本の植民地支配並びに戦争によって、韓国国民に多大の損害と苦痛を与えたことに、深い反省の意を表す旨の記述がないのだ。反省する旨の記述がないのは、1952年当時の吉田茂内閣に原因があると考えるが、吉田茂内閣は、昭和天皇が1946年1月元旦に発した詔書の中の重要な史実を、隠蔽してしまったのだ。隠蔽されたのは「天皇の神格否定（いわゆる人間宣言）」と共に表明された「日本国民は他の民族に優越する民族ではない」の宣言である。この宣言の意味するものは、戦前の日本国民が、朝鮮民族と中華民族に対する「優越思想」を基に、民族支配の展開を図ってきたのは、間違いであったとする昭和天皇の反省の念であった。従って佐藤栄作内閣は、日韓基本条約の締結にあたり、〝昭和天皇による「日本国民は他の民族に優越する民族ではない」とする宣言〟を隠蔽した吉田茂内閣の施策を踏襲したために、条約に欠陥が生じることになってしまったのだ。吉田茂内閣による隠蔽行為については、前に詳しく述べているが、1952年6月14日発行の高校日本史教科書（教科書名……『改訂版　日本史』、文部省検定済、著作者……宝月圭吾、発行者……山川出版社）等で確認できる。従って、日韓両政府が合意した慰安婦問題については、次のような視点にたって、解決を目指すべきだった。（1）慰安婦問題は日本が引き起こしたものであり、日本に法的責任がある。（2）日本に法的責任があるため、慰安婦に直接、賠償金を支払う必要がある。（3）日本の歴代内閣には隠蔽行為があったため、「不可逆的」とする言及は必要がない。（4）日本に法的責任があるため、少女像の設置について、日本は外交上でとりあげる必要はない。

2017年8月17日、就任100日を迎えた、韓国の文在寅（ムンジェイン）大統領は記者会見を開き、日本統治時代に朝鮮半島から動員されて働いた徴用工について、日本企業に対する個人の損害賠償請求権を認める立場を表明した。元徴用工への補償は解決済みとした過去の政権の判断を覆す見解だ。日韓は1965年の国交正常化の際に結んだ請求権協定で、日本が韓国に有償・無償5億ドル（当時18

00億円相当）の経済協力金を供与する一方、元徴用工の未払い賃金など請求権問題は「完全かつ最終的に解決された」ことを確認している。

2017年8月25日、安倍晋三首相は、個人の損害賠償請求権を認める発言をした韓国の文在寅大統領との電話会談で、徴用工の補償問題は「完全かつ最終的に解決済み」との日本の立場を強調した。

2017年9月7日、安倍晋三首相は、ロシア極東ウラジオストクで韓国の文在寅大統領と会談し、日本統治時代の韓国人徴用工の問題は「解決済み」との立場を改めて伝えた。

2018年1月9日、韓国の康京和（カンギョンファ）外相は、ソウルで記者会見し、2015年の日韓慰安婦合意に関する韓国政府の新方針を発表した。合意について「再交渉は求めない」とする一方、日本政府が合意に基き元慰安婦の支援団体に拠出した10億円については、韓国政府が同額を支出し、日本の拠出金を使わない対応をとるとした。

韓国政府新方針の骨子

（1）韓国政府は慰安婦被害者の名誉と尊厳の回復、心の傷の癒しに向けて努力し、措置を模索する

（2）2015年合意では本当の解決はできないが、両国間の公式合意という事実は否定できず、再交渉はもとめない

（3）日本側が自発的に、真実を認め、被害者の名誉と尊厳の回復に向けた努力を続けることを期待する

韓国政府が新方針を打ち出したことを受け、日本政府は強く反発。韓国側に抗議するとともに合意の着実な履行を改めて求めた。

2018年3月1日、韓国の文在寅大統領が、独立運動の記念式典での演説で、島根県の竹島（韓国名・独島）や慰安婦問題で、日本政府の姿勢を厳しく批判した。安倍晋三首相の平昌冬季五輪開会式への出席などを経ても、文氏の対日批判が加速化する一方だ。文氏は慰安婦問題について「加害者である日本政府が〝終わった〟

と言ってはならない」と発言した。

２０１８年８月14日、韓国の文在寅大統領は、政府が定めた初の「慰安婦の日」の行事に出席した。文氏は、日本への直接的な批判は控えつつも、従軍慰安婦問題の最終的かつ不可逆的な解決をうたった２０１５年の日韓合意に否定的な立場を表明。国内の求心力維持に「歴史」カードを使い続ける姿勢を改めて鮮明にした。

２０１８年８月30日、韓国大法院（最高裁）は、朝鮮半島が日本統治下にあった戦時中、日本本土の工場に動員された韓国人の元徴用工４人が、新日鉄住金を相手に損害賠償を求めた訴訟の上告審で、個人の請求権を認めた控訴審判決を支持し、同社の上告を退けた。これにより、同社に１人あたり１億ウォン（約１千万円）を支払うよう命じた判決が確定した。韓国の裁判所で、日本企業に元徴用工への賠償を命じる判決が確定したのは、初めてであった。日本政府は、元徴用工の補償問題は、１９６５年の日韓請求権協定で「完全かつ最終的に解決済み」との立場を取っている。日本政府は即座に反応し、午後２時に判決が出ると、１時間もたたないうちに河野太郎外相の談話を発表。午後4時すぎには韓国の李洙勲（イスフン）駐日大使を外務省に呼び、「請求権協定に明らかに違反し、両国の法的基盤を根本から覆すものだ」と抗議した。安倍晋三首相も記者団に対し、「あり得ない判断だ」と切り捨てた。

２０１８年11月1日、安倍晋三首相は、衆院予算委員会で、韓国大法院（最高裁）が日本企業に元徴用工への賠償を命じた判決について、「国際裁判も含め、あらゆる選択肢を視野に入れて毅然と対応していく」と語った。菅義偉官房長官も1日の記者会見で、韓国の徴用工訴訟に関連する日本企業に説明会を開いていると説明した。

２０１８年11月6日、河野太郎外相は記者会見で、韓国大法院（最高裁）が、日本企業に元徴用工への賠償を命じた判決について、「１９６５年の日韓請求権協定で完全かつ最終的に終わった話」としたうえで「暴挙」「国際法に基づく国際秩序への挑戦だ」と批判した。

2019年1月9日、日本政府は、韓国大法院（最高裁）が日本企業に対し、元徴用工らへの賠償を命じた判決をめぐり、日韓請求権協定に基づく協議を韓国政府に要請した。日本政府は、元徴用工らへの賠償問題は協定で「完全かつ最終的に解決」されたとしているが、韓国の裁判所が新日鉄住金の資産を差し押さえたことから、協議の要請に踏み切った。

2019年1月23日午前（日本時間同夜）、河野太郎外相と韓国の康京和（カンギヨンファ）外相が、スイス・ダボスで会談した。海上自衛隊の哨戒機が低空飛行を行ったと韓国側が主張する問題をめぐり、康氏は冒頭、憂慮と遺憾の考えを伝えた。河野氏は低空飛行の事実を否定し、韓国側の発表に遺憾の考えを示した。対面した形での外相会談は昨年9月以来だが、会談は1時間5分にわたって行われた。元徴用工らの日本企業に対する損害賠償訴訟や、海上自衛隊の哨戒機に対する火器管制レーダー照射問題で日韓関係が悪化してから初めての会談になった。

2019年2月15日、河野太郎外相は、訪問先のドイツ・ミュンヘンで、韓国の康京和（カンギョンファ）外相と会談した。韓国大法院（最高裁）が日本企業に対し、元徴用工らへの賠償を命じた判決をめぐり、河野氏は改めて日韓請求権協定に基づく協議に応じるよう求めた。康氏は「綿密に検討中」という従来の立場を繰り返したという。元徴用工訴訟をめぐっては、原告側の弁護士が15日、新日鉄住金が協議を拒否したとして、差し押さえた韓国内の同社資産の売却手続きに入ると発表した。日本側によると、会談で河野氏は原告側の動きについて懸念を伝えるとともに、韓国側による適切な対応を改めて求めたという。

２０１９年3月1日、日本統治下の１９１９年に起きた「3・1独立運動」から１００年となるのを記念した式典がソウルであり、文在寅大統領が演説した。日本による当時の運動鎮圧を批判する一方で、元徴用工に関する判決や元慰安婦をめぐる日韓合意など、最近の懸案には直接触れなかった。

２０１９年5月20日、日本政府は、韓国大法院（最高裁）が日本企業に元徴用工らへの賠償を命じた判決をめぐり、日韓請求権協定に基づいて、第三国を交えた仲裁手続きに入ることを、韓国政府に要請した。李洛淵（イナギョン）首相が政府の対応に「限界がある」と発言した。日本政府は、2国間の協議に韓国が応じない状況を放置できないと判断したが、今のところ韓国側が仲裁手続きに入る気配はない。

2019年6月19日、韓国外務省は、日本企業への賠償命令が相次ぐ元徴用工訴訟を巡り、日本と韓国の企業が自発的に資金を出し合い原告と和解する案を日本政府に提示したと明らかにした。しかし、河野太郎外相は19日、韓国政府が示した案について ツイッターで「韓国の国際法違反の状態を是正することにならず、受け入れられない」と拒否する考えを表明した。

2019年6月30日、安倍晋三首相は、29日に閉幕した主要20カ国・地域首脳会議（G20サミット）に合わせて来日していた韓国の文在寅大統領と会談しなかった。国際会議の議長国は通常、参加国の多くと二国間会談をするが、日本が重要な隣国である韓国との会談を見送ったのは異例の対応だ。背景には、韓国大法院（最高裁）が日本企業に元徴用工らへの賠償を命じた判決がある。文政権は日本企業に被害が出ない対策を講じず、日韓請求権協定に基づく協議や仲裁手続きにも応じない中で、政府内には「何も成果が見込めないのに会談をしても意味がない」（日本政府関係者）との声が高まっていた。

２０１９年７月１日、政府は、韓国向け輸出の規制を強めると発表した。韓国で生産が盛んな半導体製造などに使われる化学製品３品目の輸出を難しくするほか、安全保障上問題がない国として輸出手続きを簡略化する優遇措置をやめる。韓国人元徴用工らへの損害賠償判決問題への事実上の対抗措置だ。韓国は世界貿易機関（ＷＴＯ）への提訴に言及するなど強く反発している。

２０１９年８月２日、安倍晋三内閣は、輸出手続きを簡略化できる「ホワイト国」（輸出優遇国）のリストから韓国を外す政令改正を閣議決定した。撤回を求めていた韓国はさっそく反発し、対抗措置を取ると表明。貿易に限らず、日韓の軍事情報包括保護協定（ＧＳＯＭＩＡ）を破棄する可能性にも言及し、対立のエスカレートが止まらなくなっている。

ここで、険悪になった日韓関係を正常な状態にするためには、日本側の政治回顧も必要であると考え、日本の戦後史を回顧することにする。

１９４５年8月15日、日本は、昭和天皇のラジオ放送で終戦を迎え、９月２日には、東京湾内のアメリカの軍艦ミズーリ号上で、日本政府および軍代表が降伏文書に署名して太平洋戦争は終了した。１９４６年1月元旦、昭和天皇は、新年に際して詔書を発した。

詔書には、「天皇の神格否定（いわゆる人間宣言）」と「日本国民は他の民族に優越する民族ではない」の二つの宣言が含まれていた。後者の中の「他の民族」とは、朝鮮民族と中華民族を示すと思われるが、この宣言の意味するところは、戦前の日本国民が、朝鮮民族と中華民族に対する「優越思想」を基に民族支配の展開を図ってきたのは、間違いであったとする昭和天皇の反省の念であった。なお、この詔書発表に対し、連合国最高司令官ダグラス・マッカーサーは即日歓迎の意を示す声明を発表した。１９４６年1月5日、昭和天皇は、表拝謁ノ間において外務大臣吉田茂から、1月元旦に発した詔書に対する米国民の反応について報告を受けられた（『昭和天皇実録　第十』、著作権者　宮内庁、発行所　東京書籍株式会社、発行日平成29年3月30日）。1946年5月22日に、吉田茂氏が内閣総理大臣に任命された。1946年11月3日に、日本国憲法が公布された。1947年3月に、教育基本法と学校教育法が公布された。1947年4月に、労働基準法・独占禁止法・地方自治法が公布された。1948年8月には、戦前、日本の領土であった朝鮮南部が、大韓民国として成立し、9月には、朝鮮北部が、朝鮮民主主義人民共和国として成立した。1949年4月に、検定教科書の使用が開始された。以上の戦後の歴史的経過を経て、吉田茂首相は、1946年1月に昭和天皇が発した詔書について、「天皇の神格否定（いわゆる人間宣言）」の部分は記載されたが、「日本国民は他の民族に優越する民族ではない」の部分が記載されない高校日本史教科書に、検定合格を与えたのである。即ち、吉田茂首相は、国家・国民にとって最も重要な史実である「日本国民は他の民族に優越する民族ではない」とする昭和天皇の宣言を隠蔽してしまったのだ。隠蔽された宣言は、戦前の日本国民が朝鮮民族と中華民族に対する「優越思想」を基に、民族支配の展開を図ってきたのは、間違いであったとする、昭和天皇の反省の念であった。隠蔽の事実は、次の高校日本史教科書などで確認できる。（書名『改訂版　日本史』、文部省検定済、発行日　1952年6月14日、著作者　宝月圭吾、発行者　株式会社　山川出版社）。

吉田茂内閣の隠蔽は、驚くことにその後、鳩山一郎内閣、岸信介内閣、池田勇人内閣、佐藤栄作内閣、田中角栄内閣、鈴木善幸内閣、中曽根康弘内閣、竹下登内閣、宮沢喜一内閣、細川護熙内閣、橋本龍太郎内閣、小泉純一郎内閣、野田佳彦内閣、安倍晋三内閣へと続いてきた。なんと、隠蔽が開始されてから67年にもなるのだ。安倍晋三内閣は、史実である「日本国民は他の民族に優越する民族ではない」とする昭和天皇の宣言を隠蔽したままで、日本・韓国間の懸案である従軍慰安婦問題と元徴用工問題に対応することは、勿論許されない。さらに、安倍晋三内閣は、韓国との交渉の度に、日韓請求権協定の厳守を求めているが、史実である「昭和天皇の宣言」の隠蔽の下で成立した同協定は、道義上、歴史上の致命的な欠陥を有し、日本国民劣化の源となっていることを知るべきだ。安倍晋三内閣は、即刻、吉田茂内閣が行った史実の隠蔽を解除する行動をとる必要がある。さらに安倍晋三内閣は、もう一つ大きな過ちを犯している。2019年7月1日、安倍晋三内閣は、韓国向け輸出の規制を強めると発表した。この規制は、韓国で生産が盛んな半導体製造などに使われる化学製品3品目の輸出を難しくするほか、安全保障上問題がない国として輸出手続きを簡略化する優遇措置をやめることを内容とする。この規制は、韓国人元徴用工らへの損害賠償判決問題への事実上の対抗措置だ。またこの規制は、近づく参議院議員選挙をむかえて、多くの国民の中にある「嫌韓感情」を票に結びつけるための選挙対策であったのではないか。そもそも、多くの国民の中にある「嫌韓感情」は、安倍晋三内閣並びに歴代自民党内閣によって、昭和天皇が発した「日本国民は他の民族に優越する民族ではない」とする宣言の隠蔽によってつくられ、その隠蔽が長期間にわたり、学校教育で履行されてきたのだ。即ち、安倍晋三内閣は、自らの内閣並びに歴代自民党内閣によって、隠蔽のある「昭和天皇の宣言」を国民に教育してきたが、その国民を選挙の際に、自らの票に結びつけようとしているのではないか。安倍晋三内閣は、民主主義の土台である「国民主権」を壊す恐ろしい政治を、教育を使用して行っている。

本論はこれで終えるが、最後に、日本が「天皇の神格否定（いわゆる人間宣言）」の隠蔽と、昭和天皇の「日本国民は他の民族に優越する民族ではない」とする宣言の隠蔽を履行してきたことは、日本民族の資質を退化させ、民主主義を壊し、日本国民の生活を未来にわたって劣化させる、政治の最大の過ちである。安倍晋三内閣は、責任を取り、即刻、退陣すべきだ。又、自由民主党は、長期間にわたって二つの隠蔽を支持・継続して、国民を欺いてきたことを懺悔、反省する必要がある。

あとがき

安倍晋三首相は、第1次政権以来、一貫して拉致問題解決を政権の「最重要課題」に位置づけてきたが、2002年に拉致被害者5人、2004年にその家族の帰国が実現して以降、進展はみられない。安倍晋三内閣の拉致被害者救出対策は、拉致被害者家族代表をオバマ大統領、トランプ大統領に引き合わせたこと、また、金正恩・朝鮮労働党委員長へのメッセージをトランプ大統領に託したこと等、米国頼みの行動をしていることしか、国民には見えない。拉致被害者を北朝鮮から救出するためには、北朝鮮と交渉しなければならない。交渉といっても外交交渉だから、互恵の精神が必要だが、安倍晋三内閣は、拉致被害者の救出を北朝鮮に要求するだけの、一方通行の交渉に終始している。日本と北朝鮮との間には、日本・韓国間にある従軍慰安婦問題、元徴用工問題などと同じ問題がある他に、植民地統治の下で起きた日本側の圧制に対する国家補償問題など、重大な未解決の問題が山積しているのに、安倍晋三内閣は、これらの問題を交渉のテーブルに乗せようとしない。もっとも、安倍晋三内閣は、拉致被害者救出問題の解決後に国交回復交渉に入り、その際に、山積している日本・北朝鮮間の諸問題をとり挙げる計画をもっているのかもしれない。しかし、私が本書で指摘した、昭和天皇による「日本国民は他の民族に優越する民族ではない」とする宣言を隠蔽したままでは、安倍晋三内閣の計画は成就されない。何故なら、隠蔽されている「昭和天皇の宣言」の意味するものは、戦前の日本国民が、朝鮮民族に対する「優越思想」を基に、朝鮮民族支配の展開を図ってきたのは、間違いであったとする反省の念を示しているからだ。従って、〝「昭和天皇の宣言」の隠蔽〟を解除しなければ、北朝鮮との外交交渉は成就しないと思うが、安倍晋三内閣は、なぜ、〝「昭和天皇の宣言」の隠蔽〟を解除しないのか。

それは、〝「昭和天皇の宣言」の隠蔽〟を解除しない方が、選挙の際に、自民党に有利に働くとする思惑があるためだろう。このような判断を下す理由は以下のとおりだ。国民は、昭和天皇による「日本国民は他の民族に優越する民族ではない」とする宣言について、長期間にわたって隠蔽された学校教育を受けてきたために、戦前の日本が朝鮮（北朝鮮）に対して、「優越思想」を基に、圧制を加えたこと等は知らないのだ。従って、安倍晋三内閣が、拉致被害者救出問題を政治化すればするほど、国民は北朝鮮を憎悪することになり、行われる選挙では自民党が有利になることになるのだ。だが、昭和天皇による「日本国民はほかの民族に優越する民族ではない」とする宣言の隠蔽を解除せずに、邪まな選挙向けの政策などの執行は、史実を無視した重大な過ちであり、国家・国民に対する背信行為であることは明白だ。

著者略歴

林 英一（はやし えいいち）

北海道生まれ

小樽商科大学商学部卒業

会社員定年退職

現在に至る

著者 『条件反射論による近現代史解析』

（創英社／三省堂書店）

『国民生活を劣化させたのは誰だ』

（創英社／三省堂書店）

「天皇の宣言」の政治利用

2020年 6 月11日　初版発行

著　者　　林 英一

発行・発売　創英社／三省堂書店

〒101-0051 東京都千代田区神田神保町1-1

Tel 03-3291-2295

Fax 03-3292-7687

印刷・製本　シナノ書籍印刷株式会社

ISBN 978-4-86659-122-3　C0031